Uni-Taschenbücher 541

FÜR WISSEN SCHAFT

Eine Arbeitsgemeinschaft der Verlage

Birkhäuser Verlag Basel · Boston · Stuttgart
Wilhelm Fink Verlag München
Gustav Fischer Verlag Stuttgart
Francke Verlag München
Harper & Row New York
Paul Haupt Verlag Bern und Stuttgart
Dr. Alfred Hüthig Verlag Heidelberg
Leske Verlag + Budrich GmbH Opladen
J. C. B. Mohr (Paul Siebeck) Tübingen
R. v. Decker & C. F. Müller Verlagsgesellschaft m. b. H. Heidelberg
Quelle & Meyer Heidelberg
Ernst Reinhardt Verlag München und Basel
K. G. Saur München · New York · London · Paris
F. K. Schattauer Verlag Stuttgart · New York
Ferdinand Schöningh Verlag Paderborn · München · Wien · Zürich
Eugen Ulmer Verlag Stuttgart
Vandenhoeck & Ruprecht in Göttingen und Zürich

Max Weber

Soziologische Grundbegriffe

6., erneut durchgesehene Auflage
mit einer Einführung von Johannes Winckelmann

J. C. B. Mohr (Paul Siebeck) Tübingen

Sonderausgabe aus:
Max Weber, Wirtschaft und Gesellschaft, Tübingen 1921, ⁵1972/76,
S. 1–30

1960 1. Aufl.
1966 2. Aufl.
1976 3. Aufl. (durchgesehen)
1978 4. Aufl. (durchgesehen)
1981 5. Aufl. (durchgesehen, mit Einführung versehen)
1984 6. Aufl. (durchgesehen)

CIP-Kurztitelaufnahme der Deutschen Bibliothek

Weber, Max:
Soziologische Grundbegriffe / Max Weber. Mit e. Einf. von
Johannes Winckelmann. – 6., erneut durchges. Aufl. –
Tübingen: Mohr, 1984.
   (UTB für Wissenschaft: Uni-Taschenbücher; 541)
   ISBN 3-16-544830-2
NE: UTB für Wissenschaft / Uni-Taschenbücher

© J. C. B. Mohr (Paul Siebeck) Tübingen 1921, 1984
Printed in Germany. Einbandgestaltung: Alfred Krugmann, Stuttgart. Satz
und Druck: Gulde-Druck GmbH, Tübingen. Aufbindung: Sigloch, Stuttgart

Inhalt

Zur Einführung

Die »Soziologischen Grundbegriffe« bilden in Max Webers soziologischem Grundwerk »Wirtschaft und Gesellschaft«, I. Teil das Kapitel I. An die »Soziologischen Grundbegriffe« schließen sich im Ersten Teil von »Wirtschaft und Gesellschaft« die »Soziologischen Grundkategorien des Wirtschaftens«, der Herrschaft sowie der gesellschaftlichen Schichtungen und Gruppierungen an. Ein Kapitel V scheint für die Behandlung der Typen sozialer Vergemeinschaftung und Vergesellschaftung vorgesehen gewesen zu sein; vielleicht wäre auch noch ein Kapitel über die Grundtypen religiöser Vergemeinschaftungs- und Vergesellschaftungsformen gefolgt[1]. Damit hätte dann der soziologische Begriffsapparat von Max Webers großer Soziologie eine gewisse abgerundete Form erlangt.

Inmitten des Kapitels II: »Soziologische Grundkategorien des Wirtschaftens« bezeichnet Max Weber »die vorangegangenen . . . ganz ebenso wie die folgenden Betrachtungen« als Teilstücke seiner »allgemeinen [methodisch-begrifflichen] Vorbemerkung«, in deren »soziologischer Typisierung« lediglich die »formalen soziologischen Kategorien Ausdruck« finden. Damit setzt er diese, – neben der Gegenstandsbestimmung und den methodischen Grundlagen – nur den *Begriffs*apparat behandelnden Erörterungen als »schematische Systematik«, genauer: typologische Klassifikation, gegenüber den (»späteren«) *Sach*ausführungen betont ab: »Es soll eben *vorerst hier* nur ein Gerippe gegeben werden, hinlänglich, um mit leidlich eindeutig bestimmten Begriffen operieren zu können.«[2] Diese begriffstypologische Charakte-

---

[1] Wegen des projektierten Kapitels V (Typen der Vergemeinschaftung und Vergesellschaftung) s. Wirtschaft und Gesellschaft[5], Erster Teil, S. 43, 58, 65, 73, 75; den Hinweis auf ein mutmaßliches Kapitel VI über die Grundbegriffe der religiösen Formenwelt könnte die einschlägige Bemerkung ebda. S. 360 ergeben.

[2] Wirtschaft und Gesellschaft[5], S. 63, Erl. 1; vgl. ebda. S. 31, Vorbemerkung Satz 1, ferner S. 1, Vorbemerkung Satz 1 [in diesem Taschenbuch Seite 17 Satz 1].

risierung gilt jedoch schlechthin für den gesamten methodisch-begrifflichen (Ersten) Teil von »Wirtschaft und Gesellschaft«, dessen vollendete Partien den Inhalt der 1. Lieferung dieses Werkes ausmachen und – wie gesagt – in gleicher Weise noch fortgesetzt werden sollten.

Max Weber muß ursprünglich daran gedacht haben, der erfahrungswissenschaftlichen Analyse und Darstellung der gesellschaftlichen Alltagsformen und Vorgänge im jetzigen Zweiten Teil seines soziologischen Hauptwerkes eine »Allgemeine Soziologie«[3] vorauszuschicken, scheint sich dann aber – wie fünfzig Jahre früher *Karl Marx*[4] – auf Grund logisch-methodischer Erwägungen davon überzeugt zu haben, daß es so etwas wegen seines undefinierbaren, ja geradezu willkürlichen Abstraktionsgrades im Hinblick auf eine soziale Erfahrungswissenschaft nicht geben könne. Wohl aber ist eine »Allgemeine Einleitung« in die erfahrungswissenschaftliche Soziologie möglich, in der deren Gegenstandskonstituierung, methodische Grundlagen und begriffliche Typenlehre dargelegt werden und also weitgehend auseinandergesetzt wird, »was jede empirische Soziologie« – mit ihren begrifflichen Denkmitteln und ihrer analytischen wie darstellenden Methode – »tatsächlich meint, wenn sie von den gleichen Dingen spricht« (so die Vorbemerkung u. i. Text Seite 17). Genau das aber ist die Konzeption, der Max Weber im Ersten Teil seiner großen Soziologie folgt. Denn er hat immer schon die Auffassung vertreten, Thematisierung, Bezugsrahmen, Methode und kategorialer Apparat der Sozialwissenschaften und insbesondere der Soziologie bedürften zwecks deren Konstituierung als wissenschaftliche *Erkenntnis* der logischen Läuterung und Rechtfertigung. Nachdem er sich im Rahmen des ›Grundriß der Sozialökonomik‹ (GdS) – entsprechend den Abteilungen: Wirtschaft und Natur, Wirtschaft und Technik usw. – für sich selbst (zusammen mit *Eugen v. Philippovich*) auf das Thema: Wirtschaft und

---

[3] Wirtschaft und Gesellschaft[5], S. 212.
[4] Grundrisse der Kritik der politischen Ökonomie. Nachdr. der Europ. Verlagsanstalt, Frankfurt am Main, S. 7 f.

Gesellschaft zurückgezogen hatte, stand er unter dem zwingenden Eindruck, daß seine auf der Theorie des sozialen Handelns beruhende, zugleich verstehende *und* erklärende Strukturanalyse der empirischen Gesellschaftsformen und -prozesse als eine wesentlich auf die wirtschaftliche Komponente bezogene Soziologie einer diese Erkenntnisart wissenschaftstheoretisch legitimierenden Einleitung bedürfe[5].

Aus diesem Grunde veröffentlichte Max Weber – als epistemologische Erklärung und Verdeutlichung seiner in Ausarbeitung befindlichen *Sach*ausführungen auf dem Gebiet der erfahrungswissenschaftlichen Gesellschaftslehre – zunächst im Jahre 1913 seinen sog. Kategorienaufsatz: »Über einige Kategorien der verstehenden Soziologie«.[6]

Als der erste Weltkrieg sich seinem Ende zuneigte und er (in Wien) erstmals wieder daran denken konnte, sein »großes Buch stark zu fördern«[7], taten ihm aber diese Ausführungen für die logisch-methodische Fundierung seiner speziellen Art der Soziologie kein Genüge mehr, und so machte er sich spätestens ab 1919 in München daran, in einem von ihm später als »Erster Teil« bezeichneten Werkteil eine Summe »einleitender Begriffsdefinitionen«, die leicht »abstrakt und wirklichkeitsfremd« wirken könnten (wie er sich in seiner Vorbemerkung zum Kapitel »Soziologische Grundbegriffe« ausdrückt)[8], dem »*Buch selbst*« voranzustellen, das »keineswegs ›dürr‹ und ›abstrakt‹ sein« werde[9]. Was *Max Weber* tatsächlich im »Ersten Teil« seines

---

[5] Eine knappe Auseinandersetzung über die Rolle der Theorie des sozialen Handelns und die methodische Bedeutung der Kategorie des »subjektiv gemeinten Sinns« findet der interessierte Leser im Vorwort zur 5. Auflage 1976 von »Wirtschaft und Gesellschaft«, Ziff. III, S. XX–XXIV.
Ich nehme ferner Bezug auf *meinen* Art. ›Idealtypus‹ in Wilh. Bernsdorfs Wb. d. Soziologie (²1969), S. 438–441.
[6] Siehe unten im Text die Vorbemerkung des Verfassers, Seite 17, 1. Absatz.
[7] Brief Max Webers an Paul Siebeck aus Wien von Mitte April 1918.
[8] Siehe unten im Text Seite 17 Satz 1.
[9] So in seiner »Notiz für den Verlag« von Anfang Januar 1920, in der

Werkes bringt, ist jedoch ein Mehrfaches: zunächst einmal die
Gegenstandskonstituierung, sodann die Explikation der ange-
wandten – »verstehenden und *dadurch* kausal erklärenden« (§ 1)
– Methode, schließlich die Entfaltung der verwendeten Begriffstypologie (die soziologische Kategorienlehre, die nach seiner
ausdrücklichen Erklärung *nicht* soziologische Theorie[10] – so *Talcott Parsons* –, vielmehr Typenlehre, also begriffliches Instrumen-
tarium zur Präzisierung der Terminologie, zur Durchführung der
erforderlichen Klassifikationen, zur Ermöglichung der Heuri-
stik[11] wie nicht zuletzt zwecks Erzielung von Eindeutigkeit der
Darstellung sei[12]).

Der Zweite Teil des Werkes ist dann auf dieser gedanklichen
Grundlage und mit Hilfe der im einleitenden Ersten Teil entwik-
kelten Typenlehre der konkret-empirischen Analyse und Darstellung der geläufigen Alltagsformen im gesellschaftlichen Prozeß
gewidmet. (An diesem älteren Manuskript hat Max Weber über
zehn Jahre gearbeitet. In seinen Briefen an den Verlag J. C. B.
Mohr/Tübingen wird es wiederholt »das dicke alte Manuskript«
genannt, dem – entsprechend den Hauptbeiträgen der übrigen
Abteilungen des GdS – Max Weber bis zu seinem Tode intensiv
bemüht war, eine *lehrbuchhafte* Form zu geben, womit er weit
gediehen war, als ihm der Tod die Feder aus der Hand nahm.)

Nur so erklären sich überhaupt die laufenden Vorausverwei-
sungen im Text des methodisch-begrifflichen Ersten Teils auf
spätere *Sach*ausführungen. Soweit diese Verweisungen auf die
substantiellen Untersuchungen des konkret-empirischen Teils

Max Weber zudem nachdrücklich hervorhebt, daß diese ›Vorbemerkung‹
unmittelbar *hinter* die Überschrift des I. Kapitels gehöre, sie aber *nicht*
»die Vorbemerkung zu dem ganzen Buch« (d. h. »Wirtschaft und Gesellschaft«) sei. Daselbst findet sich auch die Gegenüberstellung zwischen der
methodisch-begrifflichen *Einleitung* und dem »Buch selbst«.

[10] Wirtschaft und Gesellschaft⁵, S. 1 Vorbem., 31 Vorbem., 63 Erl. 1,
121 a. E. – Die soziologische »Theorie und Darstellung« (Brief Max
Webers an Paul Siebeck vom 30. 12. 1913) wird erst im Hauptteil
entwickelt (in stetem Zusammenhang mit der Wirtschaft).

[11] Vgl. unten im Text, § 1 Ziff. 11, Seite 39 u.

[12] *Max Weber,* Wissenschaftslehre (⁴1973), S. 190 u., 195, 397 o.

abzielen, erfolgt dies oftmals durch die Ausdrucksweise: darüber siehe später; zumeist aber genauer mittels der Formulierungen: siehe die Sonderdarstellung, die Spezialerörterungen, die sachliche bzw. soziologische Einzelanalyse, die künftige Erörterung der Zusammenhänge, die spätere Einzelerörterung, die spätere besondere Betrachtung oder die spätere Einzeldarstellung[13]. Diese Bezugnahmen auf spätere genauere Untersuchungen des jeweiligen Stoffes erfolgen regelmäßig im Anschluß an abstrakte Ausführungen unter paradigmatischer Heranziehung realhistorischer Phänomene, bisweilen auch in der Form: siehe das Nähere seiner Zeit. Beispiele für solche Hinweise auf kommende Sonderausführungen finden sich in diesem Taschenbuch auf Seite 76, 78, 80. An verschiedenen Stellen kommt ein direkter Hinweis auf künftige Sachkapitel wie Religionssoziologie, Rechtssoziologie, Herrschaftssoziologie oder Staatssoziologie vor, die als geschlossene Thematiken für den Ersten Teil gar nicht vorgesehen waren, dennoch aber mit ihm eine zusammengehörige Einheit bilden sollten. –

Es ist ein verbreitetes Mißverständnis, Max Webers Soziologie beschränke sich auf eine bloße Analyse »des sozialen Handelns« auf Grundlage des »subjektiv gemeinten Sinns« und gelange darüber nicht hinaus. Das genaue Gegenteil ist zutreffend. Gewiß beginnt die soziologische Tatbestandsanalyse mit der von den Beteiligten je vorgefundenen tatsächlichen Situation, der sozialen Aktion und Interaktion der Beteiligten und einer Erforschung der gegebenen »Motivationszusammenhänge«. Die entscheidende Frage aber gilt den dabei herausgekommenen Konsequenzen: welches ist das soziologische *Ergebnis* dieser Prozesse, wohin hat das alles geführt? Die Ursachen liegen dann bereits zutage: *wie* es gekommen ist? Die soziologische Endfrage ist stets: wie sah die Situation *nach* erfolgtem Geschehensablauf aus? Was ergibt die soziologische Analyse in bezug auf dieses *Fazit*? Genau wäre es also zu sagen: der subjektiv gemeinte Sinn der sozial Handelnden

---

[13] S. z. B. Wirtschaft und Gesellschaft[5], S. 24, 25, 118, 121, 126, 128, 133, 136, 137, 139, 140, 147, 148, 150, 158, 162, 167, 169, 180.

und Verbundenen bzw. Konfligierenden, also ihre Aktivitäten
und Interaktionen bedeuten Intentionalität: *Ziel*gerichtetheit.
Der Begriff des sozialen Handelns als ›kleinste Einheit‹ im
Gewebe des Vergesellschaftungsprozesses *(Talcott Parson)* ist ein
idealtypisch konstruierter äußerster *Grenz*begriff der soziologischen Theorie, analytisch-heuristischer Begriff, Instrument, aber
nicht seinerseits Gegenstand der wissenschaftlichen Nachfrage.
Max Webers grundbegriffliche Typologie steigt denn auch von da
auf zur »sozialen Beziehung«, die ihrerseits wiederum auf einem
sinnhaft auf einander eingestellten sozialen Handeln der Beteiligten beruht bzw. geradezu daraus besteht[14], also ihrerseits wiederum als *Prozeß* verstanden, womit der Verdinglichung vorge-
beugt wird, alsdann zum Begriff des (nicht verbandsorganisierten)
gesellschaftlichen Zusammenhandelns sozial (ephemer oder
perennierend) verbundener Menschen[15] und von da zum »sozialen Verband« (als soziale Organisation)[16]; aber auch alle diese
soziologischen Einheiten werden als soziale Beziehungen und
damit als soziologische *Prozesse* verstanden, obwohl neben den
Begriff des Handlungstypus der des Formtypus tritt.

Es wird allzuoft übersehen, daß Max Weber zwar im einleitenden Ersten Teil seiner Gesellschaftslehre das Methodisch-Begriff-
liche über den Erkenntnisgegenstand seiner speziellen Erfahrungswissenschaft sowie über die gesellschaftlichen Strukturty-
pen, Regelmäßigkeiten, Ordnungen und Mächte vorträgt, daß er
aber im Zweiten (Haupt-) Teil seiner großen Soziologie die
konkret-empirische, soziologisch-vergleichende Analyse der in
der *Wirklichkeit* faktisch vorkommenden (nicht der gedanklich
konstruierten typischen) Gesellschaftsformen, also der gesellschaftlichen »Alltagsformen«[17], ihrer Entwicklung und Strukturen, *mit Hilfe* jener Typenbegriffe, als von Menschen *bewirkten*

---

[14] S u. i. Text § 3, § 3 Erl. 2 und 4, Seite 47 und 49; § 8 Erl. 3, Seite 67.
[15] S. u. i. Text § 1 I Erl. 9, Seite 31 f. in Verbindung mit § 3 Erl. 4
(Anfang), Seite 48 u.
[16] S. u. i. Text §§ 12, 13, Seite 81–85.
[17] Wirtschaft und Gesellschaft[5], z. B. S. 124, 141, 146.

und als Prozesse in Gang gehaltenen, *empirisch gegebenen* sozialen Phänomenen vornimmt. Dabei ist für die Realitätsermittlung ggf. gerade der *Abstand* entscheidend, der sich je nach Lage der konkret festgestellten Fakten zwischen diesem *empirischen* Phänomen (Sachverhalt oder Ablauf) und dem *gedanklich konstruierten* Typus (evtl. auch mehreren von ihnen) oder den etwaigen konstruktiven typisch-genetischen Verläufen ergibt[18]. Das Untersuchungsergebnis ist aber alsdann nicht ein ›Typus‹ (vor allem kein ›Real*typus*‹), sondern diejenige gesellschaftliche *Wirklichkeit* – nach Erscheinungsbild, Struktur und kumulativen wie sukzessiven Zusammenhängen –, welche eine soziale Erfahrungswissenschaft mit ihren Denkmitteln und Forschungsmethoden zur Darstellung zu bringen vermag.

In diesem Teil sind es ganz konkrete, tatsächlich vorfindliche Erscheinungen, die soziologischer Untersuchung und Durchleuchtung unterzogen werden, wie etwa die spezifische Eigenart des Kapitalismus der Neuzeit, der Staat Katharinas bzw. Peters des Großen, derjenige Friedrichs II. von Preußen oder der Ludwigs XIV., da sind es die mittelalterlichen Mönchsorden in ihrer Organisation und gesellschaftlich-kulturellen Wirksamkeit, die revolutionären (d. h. zunächst der fürstlichen oder klerikalen Herrschaft gegenüber illegitimen) Städte der Lombardei und Toskana, die englische Normannenherrschaft mit ihrer teils ständischen, teils juridischen Struktur, da wäre der gewaltige soziale Umbruch des älteren Cromwell und was ihn trug, die Autonomisierung der Schweizerischen Eidgenossenschaft, die weltweite Wirkung der abendländischen Glaubensspaltung, die Herausbildung des profanen Staates der Neuzeit in seiner Verflochtenheit von Fürstentum, Bürgertum, Wirtschafts- und Glaubenswelt, schließlich der moderne Imperialismus mit seinem einstweilen unaufhaltsamen Expansions- und Zerstörungseffekt – alles handfeste soziale Fakten, Vorgänge und Strukturen, die soziologisch-analytisch und vergleichend mit dem entwickelten Begriffsapparat methodisch angegangen werden, so daß es abwegig wäre (etwa

---

[18] Ebda., z. B. S. 2/3, 10, 11, 124 (s. u. i. Text S. 21, 22, 25, 29, 38, 40).

zugunsten subjektiver Intentionalität, isolierter Einzelhandlungen
oder Geschichtsabläufe und bloßer Singularitäten) zu bestreiten,
daß eben dabei »von den Sachen selbst« die Rede ist. Das
Riesenarsenal der Universalgeschichte lieferte im wesentlichen
das Material der wissenschaftlich-soziologischen Bearbeitung[19],
d. h. der theoretischen Durchdringung und kausalen Erklärung,
und stellte außerdem für die erarbeiteten Theoreme und Theorieansätze die erforderlichen praktischen Paradigmata zur Verfügung. Soziologie ist eben etwas anderes als »Geschichte«, nämlich
nicht bloße Darstellung von Geschehensverläufen und Institutio-
nen, sondern theoretisch-typologische Erkenntnis der Vergesell-
schaftungsprozesse nebst einer gedanklichen Einsicht und Ordnung dessen, was diese Prozesse in Gang setzt, was sie bewirkt
haben und was die Welt des Gesellschaftlichen »im innersten
zusammenhält« (und ggf. sprengt). Als Ergebnis präsentiert sich
keine Geschichtserzählung, – die »konkrete Realität des Historischen«[20] liefert lediglich das Faktenmaterial –, sondern vielmehr
eine *soziologische* Strukturphänomenologie der Universalgeschichte bzw. des Zeitgeschehens.

Dieses universale soziohistorische Material stand Max Weber –
nach harter Arbeit – sozusagen spielend zu Gebote, und er
verwandelte es in Theorieansätze, Erkärungsentwürfe und Typo-
logien auf der Grundlage sozialer und wirtschaftlicher Zusammenhänge. Zwar bewegten ihn die »Motivationszusammenhänge«, denn die Welt der Geschichte wie die der Gesellschaft ist

---

[19] Aber keineswegs ausschließlich die »Geschichte« (s. u. i. Text Seite
38 o.). Denn durchaus nicht alle Soziologie ist »historische Soziologie«.
Vielmehr entnimmt jede Gegenwartssoziologie – auch in Gebieten ethno
logischer Feldforschung – ihr *Material* der empirischen Sozial- bzw.
ethnosoziologischen Forschung und gelangt so zu gesellschaftswissen-
schaftlichen Einsichten von zumeist äußerster Aktualität. Dies war bei-
spielshalber bei der Entstehungsgeschichte der amerikanischen Soziologie
um die Wende vom 19. zum 20. Jahrhundert der Fall (die sog. ›Muckrak-
ers‹). Max Webers eigene frühe soziologische Erkenntnisse gingen nahezu
ausschließlich von seiner empirischen (etwa agrarischen oder industriel-
len) Sozialforschung aus.
[20] S. u. i. Text § 1 Erl. 11, Seite 38 o.

eine Welt der Menschen, und die Wissenschaften davon sind solche des menschlichen Handelns und Hervorbringens; aber diese gleiche Welt ist eine Welt der *realen Wirklichkeiten,* deren Strukturgebilde, Zusammenhänge und Prozesse die *Ergebnisse* menschlich-sozialer Wirksamkeit sind. Die gesellschaftlichen Tatsachen, Vorgänge und daraus entstandenen Formen, Strukturen und Regelmäßigkeiten[21] sind der Erkenntnisbereich der Soziologie. Der Erkärung ihres Zustandekommens und Funktionierens ist das Erkenntnisstreben einer jeden Gesellschaftswissenschaft gewidmet. Von dieser Sachlage hat Max Weber den weltweit erregenden wissenschaftlichen Gebrauch gemacht, oder – wie *Norman Birnbaum*[22] es metaphorisch ausdrückte –: »Max Weber took advantage of the fact that history has left us with the record of its own sociological experiments.« Hier wird das Verhältnis von Geschichte und Soziologie in adäquater Weise gesehen, wenn man die Sentenz ihrer Metaphorik entkleidet und ihren sachhaltigen Kern erfahrungswissenschaftlich formuliert: »that history transmitted to us *man's* sociological experiments in the course of time – i.e. universal history.« –

Zusammmenfassend bleibt also festzuhalten, daß die soziologischen Grundkategorien und Typenbegriffe des Ersten Teils überhaupt nur sinnvoll einzusehen sind im Hinblick auf den (Zweiten) Hauptteil des Werkes, der die konkret-empirische Analyse und die Theorie der in der Wirklichkeit von Geschichte und Gesellschaft tatsächlich vorkommenden soziologischen Strukturformen, Prozesse und Institutionalisierungen bringt. Deren Erforschung als *Erkenntnisgegenstände* der erfahrungswissenschaftlichen Soziologie dienen die im einleitenden (Ersten) Teil vorgetragene und explizierte Begriffsapparatur und Methode auf der Basis einer allgemeinen Theorie des sozialen Handelns.

---

[21] Siehe u. i. Text Seite 29 o., 37 Erl. 11 (Anfang), 51 (§ 4), 52 f. (Erl. 3); vgl. Wirtschaft und Gesellschaft[5], S. 195 o.

[22] *Norman Birnbaum,* Conflicting interpretations of the rise of capitalism: Marx and Weber (in: British Journal of Sociology, vol. 4, 1953, pp. 125–141).

Die an näherer Erläuterung im einzelnen interessierten Leser darf ich vielleicht auf meine Kommentierung zu den »Soziologischen Grundbegriffen« und den ferneren Teilen der soziologischen Begriffstypologie wie auch zur gesamten 5. Auflage von »Wirtschaft und Gesellschaft« hinweisen[23].

Rottach-Egern, März 1981   *Johannes Winckelmann*

---

[23] Siehe den textkritischen Erläuterungsband zu Wirtschaft und Gesellschaft, 5. Aufl. 1976, speziell S. 1–55.

Vorbemerkung des Verfassers

Die Methode dieser einleitenden, nicht gut zu entbehrenden, aber unvermeidlich abstrakt und wirklichkeitsfremd wirkenden Begriffsdefinitionen beansprucht in keiner Art: neu zu sein. Im Gegenteil wünscht sie nur, in – wie gehofft wird – zweckmäßigerer und etwas korrekterer (eben deshalb freilich vielleicht pedantisch wirkender) Ausdrucksweise zu formulieren, was jede empirische Soziologie tatsächlich meint, wenn sie von den gleichen Dingen spricht. Dies auch da, wo scheinbar ungewohnte oder neue Ausdrücke verwendet werden. Gegenüber dem Aufsatz im Logos IV (1913, S. 253 ff. [»Ges. Aufs. zur Wissenschaftslehre«, 4. Aufl., S. 427 ff.]) ist die Terminologie tunlichst vereinfacht und daher auch mehrfach verändert, um möglichst leicht verständlich zu sein. Das Bedürfnis nach unbedingter Popularisierung freilich wäre mit dem Bedürfnis nach größtmöglicher Begriffsschärfe nicht immer vereinbar und muß diesem gegebenenfalls weichen.

Über »Verstehen« vgl. die »Allgemeine Psychopathologie« von *K. Jaspers* (auch einige Bemerkungen von *H. Rickert* in der 2. Aufl. der »Grenzen der naturwissenschaftlichen Begriffsbildung« [1913, S. 514–523] und namentlich von *G. Simmel* in den »Problemen der Geschichtsphilosophie« gehören dahin). Methodisch weise ich auch hier, wie schon öfter, auf den Vorgang von *F. Gottl* in der freilich etwas schwer verständlich geschriebenen und wohl nicht überall ganz zu Ende gedanklich durchgeformten Schrift: »Die Herrschaft des Worts« hin, sachlich vor allem auf das schöne Werk von *F. Tönnies,* »Gemeinschaft und Gesellschaft« [1912]. Ferner auf das stark irreführende Buch von *R. Stammler,* »Wirtschaft und Recht nach der materialistischen Geschichtsauffassung« und *meine* Kritik dazu im Archiv f. Sozialwissensch. XXIV (1907 [»Ges. Aufs. zur Wissenschaftslehre«, 4. Aufl., S. 291 ff.]), welche die Grundlagen des Nachfolgenden vielfach schon enthielt. Von *Simmels* Methode (in der »Soziologie« und in »Philos. des Geldes«) weiche ich durch tunlichste Scheidung des *gemeinten* von dem objektiv *gültigen* »Sinn« ab, die beide *Simmel* nicht nur nicht immer scheidet, sondern oft absichtsvoll ineinander fließen läßt.

§ 1. Begriff der Soziologie und des »Sinns« sozialen Handelns

Soziologie (im hier verstandenen Sinn dieses sehr vieldeutig gebrauchten Wortes) soll heißen: eine Wissenschaft, welche soziales Handeln deutend verstehen und dadurch in seinem Ablauf und seinen Wirkungen ursächlich erklären will. »Handeln« soll dabei ein menschliches Verhalten (einerlei ob äußeres oder innerliches Tun, Unterlassen oder Dulden) heißen, wenn und insofern als der oder die Handelnden mit ihm einen subjektiven *Sinn* verbinden. »Soziales« Handeln aber soll ein solches Handeln heißen, welches seinem von dem oder den Handelnden gemeinten Sinn nach auf das Verhalten *anderer* bezogen wird und daran in seinem Ablauf orientiert ist.

I. Methodische Grundlagen

1. »Sinn« ist hier entweder a) der tatsächlich α. in einem historisch gegebenen Fall von einem Handelnden oder β. durchschnittlich und annähernd in einer gegebenen Masse von Fällen von den Handelnden oder b) in einem begrifflich konstruierten *reinen* Typus von dem oder den als Typus *gedachten* Handelnden subjektiv *gemeinte* Sinn. Nicht etwa irgendein objektiv »richtiger« oder ein metaphysisch ergründeter »wahrer« Sinn. Darin liegt der Unterschied der empirischen Wissenschaften vom Handeln: der Soziologie und der Geschichte, gegenüber allen dogmatischen: Jurisprudenz, Logik, Ethik, Ästhetik, welche an ihren Objekten den »richtigen«, »gültigen« Sinn erforschen wollen.

2. Die Grenze sinnhaften Handelns gegen ein bloß (wie wir hier sagen wollen:) reaktives, mit einem subjektiv gemeinten Sinn nicht verbundenes, Sichverhalten ist durchaus flüssig. Ein sehr bedeutender Teil alles soziologisch relevanten Sichverhaltens, insbesondere das rein traditionale Handeln (s. u.) steht auf der Grenze bei-

der. Sinnhaftes, d. h. verstehbares, Handeln liegt in manchen Fällen psychophysischer Vorgänge gar nicht, in anderen nur für den
Fachexperten vor; mystische und daher in Worten nicht adäquat
kommunikable Vorgänge sind für den solchen Erlebnissen nicht
Zugänglichen nicht verstehbar. Dagegen ist die Fähigkeit, aus Eigenem ein gleichartiges Handeln zu produzieren, nicht Voraussetzung der Verstehbarkeit: »Man braucht nicht Cäsar zu sein, um
Cäsar zu verstehen.« Die volle »Nacherlebbarkeit« ist für die Evidenz des Verstehens wichtig, nicht aber absolute Bedingung der
Sinndeutung. Verstehbare und nicht verstehbare Bestandteile eines Vorgangs sind oft untermischt und verbunden.

3. Alle Deutung strebt, wie alle Wissenschaft überhaupt, nach
»Evidenz«. Evidenz des Verstehens kann entweder: [a)] rationalen
(und alsdann entweder logischen oder mathematischen), oder: [b)]
einfühlend nacherlebenden (emotionalen, künstlerisch-rezepti-
ven) Charakters sein. Rational evident ist auf dem Gebiet des
Handelns vor allem das in seinem gemeinten Sinnzusammenhang
restlos und durchsichtig *intellektuell* Verstandene. Einfühlend evident ist am Handeln das in seinem erlebten *Gefühlszusammenhang*
voll Nacherlebte. Rational verständlich, d. h. also hier: unmittelbar
und eindeutig intellektuell sinnhaft erfaßbar, sind im Höchstmaß
vor allem die im Verhältnis mathematischer oder logischer Aussagen zueinander stehenden Sinnzusammenhänge. Wir verstehen
ganz eindeutig, was es sinnhaft bedeutet, wenn jemand den Satz
$2 \times 2 = 4$ oder den pythagoreischen Lehrsatz denkend oder argu-
mentierend verwertet, oder wenn er eine logische Schlußkette –
nach unseren Denkgepflogenheiten: – »richtig« vollzieht. Ebenso,
wenn er aus uns als »bekannt« geltenden »Erfahrungstatsachen«
und aus gegebenen Zwecken die für die Art der anzuwendenden
»Mittel« sich (nach unseren Erfahrungen) eindeutig ergebenden
Konsequenzen in seinem Handeln zieht. Jede Deutung eines derart
rational orientierten Zweckhandelns besitzt – für das Verständnis
der angewendeten *Mittel* – das Höchstmaß von Evidenz. Mit nicht
der gleichen, aber mit einer für unser Bedürfnis nach Erklärung
hinlänglichen Evidenz verstehen wir aber auch solche »Irrtümer«
(einschließlich der »Problemverschlingungen«), denen wir selbst

zugänglich sind oder deren Entstehung einfühlend [nach]erlebbar gemacht werden kann. Hingegen manche letzten »Zwecke« und »Werte«, an denen das Handeln eines Menschen erfahrungsgemäß orientiert sein kann, vermögen wir sehr oft *nicht* voll evident zu verstehen, sondern unter Umständen zwar intellektuell zu erfassen, dabei aber andererseits, je radikaler sie von unseren eigenen letzten Werten abweichen, desto schwieriger uns durch die einfühlende Phantasie *nacherlebend* verständlich zu machen. Je nach Lage des Falles müssen wir dann uns begnügen, sie nur *intellektuell* zu deuten, oder unter Umständen, wenn auch das mißlingt, geradezu: sie als Gegebenheiten einfach hinnehmen, und aus ihren soweit als möglich intellektuell gedeuteten oder soweit möglich einfühlend annäherungsweise nacherlebten Richtpunkten den Ablauf des durch sie motivierten Handelns uns verständlich machen. Dahin gehören z. B. viele religiöse und karitative Virtuosenleistungen für den dafür Unempfänglichen. Ebenso auch extrem rationalistische Fanatismen (»Menschenrechte«) für den, der diese Richtpunkte seinerseits radikal perhorresziert. – Aktuelle Affekte (Angst, Zorn, Ehrgeiz, Neid, Eifersucht, Liebe, Begeisterung, Stolz, Rachedurst, Pietät, Hingabe, Begierden aller Art) und die (vom rationalen Zweckhandeln aus angesehen:) irrationalen, aus ihnen folgenden Reaktionen vermögen wir, je mehr wir ihnen selbst zugänglich sind, desto evidenter emotional nachzuerleben, in jedem Fall aber, auch wenn sie ihrem Grade nach unsere eigenen Möglichkeiten absolut übersteigen, sinnhaft einfühlend zu verstehen und in ihrer Einwirkung auf die Richtung und Mittel des Handelns intellektuell in Rechnung zu stellen.

Für die *typen*bildende wissenschaftliche Betrachtung werden nun alle irrationalen, affektuell bedingten, Sinnzusammenhänge des Sichverhaltens, die das Handeln beeinflussen, am übersehbarsten als »Ablenkungen« von einem konstruierten rein zweckrationalen Verlauf desselben erforscht und dargestellt. Z. B. wird bei einer Erklärung einer »Börsenpanik« zweckmäßigerweise zunächst festgestellt: wie *ohne* Beeinflussung durch irrationale Affekte das Handeln abgelaufen *wäre*, und dann werden jene irrationalen Komponenten als »Störungen« eingetragen. Ebenso wird bei einer politischen oder militärischen Aktion zunächst zweckmäßigerweise festgestellt: wie das Handeln bei Kenntnis aller Umstände und aller Absichten der Mitbeteiligten und bei streng zweckrationaler, an der uns gültig scheinenden Erfahrung orientierter, Wahl der Mittel verlaufen *wäre*. Nur dadurch wird alsdann die kausale Zurechnung von Abweichungen davon zu den sie bedingenden Irrationalitäten möglich. Die Konstruktion eines streng zweckrationalen Handelns also dient in diesen Fällen der Soziologie, seiner evidenten Verständlichkeit und seiner – an der Rationalität haftenden – Eindeutigkeit wegen, als *Typus* (»Idealtypus«), um das reale, durch Irrationalitäten aller Art (Affekte, Irrtümer) beeinflußte Handeln als »Abweichung« von dem bei rein rationalem Verhalten zu gewärtigenden Verlaufe zu verstehen.

Insofern und nur aus diesem methodischen Zweckmäßigkeitsgrunde ist die Methode der »verstehenden« Soziologie »rationalistisch«. Dies Verfahren darf aber natürlich nicht als ein rationalistisches Vorurteil der Soziologie, sondern nur als methodisches Mittel verstanden und also nicht etwa zu dem Glauben an die tatsächliche Vorherrschaft des Rationalen über das Leben umgedeutet werden. Denn darüber, inwieweit in der Realität rationale Zweckerwägungen das *tatsächliche* Handeln bestimmen und inwieweit nicht, soll es ja nicht das Mindeste aussagen. (Daß die Gefahr rationalistischer Deutungen am unrechten Ort naheliegt, soll damit nicht etwa geleugnet werden. Alle Erfahrung bestätigt leider deren Existenz.)

4. Sinnfremde Vorgänge und Gegenstände kommen für alle Wissenschaften vom Handeln als: Anlaß, Ergebnis, Förderung oder Hemmung menschlichen Handelns in Betracht. »Sinnfremd« ist nicht identisch mit »unbelebt« oder »nichtmenschlich«. Jedes Artefakt, z. B. eine »Maschine«, ist lediglich aus dem Sinn deutbar und verständlich, den menschliches Handeln (von möglicherweise sehr verschiedener Zielrichtung) der Herstellung und Verwendung dieses Artefakts verlieh (oder verleihen wollte); ohne Zurückgreifen auf ihn bleibt sie gänzlich unverständlich. Das Verständliche daran ist also die Bezogenheit menschlichen *Handelns* darauf, entweder als »Mittel« oder als »Zweck«, der dem oder den Handeln-

den vorschwebte, und woran ihr Handeln orientiert wurde. *Nur* in diesen Kategorien findet ein Verstehen solcher Objekte statt. Sinnfremd bleiben dagegen alle – belebten, unbelebten, außermenschlichen, menschlichen – Vorgänge oder Zuständlichkeiten ohne *gemeinten* Sinngehalt, soweit sie *nicht* in die Beziehung von »Mittel« und »Zweck« zum Handeln treten, sondern nur seinen Anlaß, seine Förderung oder Hemmung darstellen. Der Einbruch des Dollart ausgangs des 13. Jahrhunderts [(1277)] hat (vielleicht!) »historische« Bedeutung als Auslösung gewisser Umsiedlungsvorgänge von beträchtlicher geschichtlicher Tragweite. Die Absterbeordnung und der organische Kreislauf des Lebens überhaupt: von der Hilflosigkeit des Kindes bis zu der des Greises, hat natürlich erstklassige soziologische Tragweite durch die verschiedenen Arten, in welchen menschliches Handeln sich an diesem Sachverhalt orientiert hat und orientiert. Eine wiederum andere Kategorie bilden die nicht verstehbaren Erfahrungssätze über den Ablauf psychischer oder psycho-physiologischer Erscheinungen (Ermüdung, Übung, Gedächtnis usw., ebenso aber z. B. typische Euphorien bei bestimmten Formen der Kasteiung, typische Unterschiede der Reaktionsweisen nach Tempo, Art, Eindeutigkeit usw.). Letztlich ist der Sachverhalt aber der gleiche wie bei anderen unverstehbaren Gegebenheiten: wie der praktisch Handelnde, so nimmt die verstehende Betrachtung sie als »Daten« hin, mit denen zu rechnen ist.

Die Möglichkeit ist nun gegeben, daß künftige Forschung auch *un*verstehbare Regelmäßigkeiten für *sinn*haft besonderes Verhalten auffindet, so wenig dies bisher der Fall ist. Unterschiede des biologischen Erbguts (der »Rassen«) z. B. würden – wenn und soweit der statistisch schlüssige Nachweis des Einflusses auf die Art des soziologisch relevanten Sichverhaltens, also: insbesondere des sozialen Handelns in der Art seiner *Sinn*bezogenheit, erbracht würde, – für die Soziologie als Gegebenheiten ganz ebenso hinzunehmen sein wie die physiologischen Tatsachen etwa der Art des Nahrungsbedarfs oder der Wirkung der Seneszenz auf das Handeln. Und die Anerkennung ihrer kausalen Bedeutung würde natürlich die Aufgaben der Soziologie (und der Wissenschaften vom

Handeln überhaupt): die sinnhaft orientierten Handlungen deutend zu verstehen, nicht im mindesten ändern. Sie würde in ihre
verständlich deutbaren Motivationszusammenhänge an gewissen
Punkten nur *un*verstehbare Tatsachen (etwa: typische Zusammenhänge der Häufigkeit bestimmter Zielrichtungen des Handelns, oder des Grades seiner typischen Rationalität, mit Schädel-
index oder Hautfarbe oder welchen anderen physiologischen Erb-
qualitäten immer) einschalten, wie sie sich schon heute (s. o.) darin
vorfinden.

5. Verstehen kann heißen: 1. das *aktuelle* Verstehen des gemeinten Sinnes einer Handlung (einschließlich: einer Äußerung). Wir
»verstehen« z. B. aktuell den Sinn des Satzes 2 × 2 = 4, den wir hö-
ren oder lesen (rationales aktuelles Verstehen von Gedanken)
oder einen Zornausbruch, der sich in Gesichtsausdruck, Interjek-
tionen, irrationalen Bewegungen manifestiert (irrationales aktuelles Verstehen von Affekten), oder das Verhalten eines Holzhak-
kers oder jemandes, der nach der Klinke greift, um die Tür zu
schließen, oder der auf ein Tier mit dem Gewehr anlegt (rationales
aktuelles Verstehen von Handlungen). – Verstehen kann aber
auch heißen: 2. *erklärendes* Verstehen. Wir »verstehen« *motivationsmäßig*, welchen Sinn derjenige, der den Satz 2 × 2 = 4 aus-
spricht, oder niedergeschrieben hat, damit verband, daß er dies gerade jetzt und in diesem Zusammenhang *tat*, wenn wir ihn mit einer
kaufmännischen Kalkulation, einer wissenschaftlichen Demon-
stration, einer technischen Berechnung oder einer anderen Handlung befaßt sehen, in deren Zusammenhang nach ihrem uns verständlichen *Sinn* dieser Satz »hineingehört«, das heißt: einen uns
verständlichen Sinn*zusammenhang* gewinnt (rationales Motiva-
tionsverstehen). Wir verstehen das Holzhacken oder Gewehranle-
gen nicht nur aktuell, sondern auch motivationsmäßig, wenn wir
wissen, daß der Holzhacker entweder gegen Lohn oder aber für
seinen Eigenbedarf oder zu seiner Erholung (rational), oder etwa
»weil er sich eine Erregung abreagierte« (irrational), oder wenn
der Schießende auf Befehl zum Zweck der Hinrichtung oder der
Bekämpfung von Feinden (rational) oder aus Rache (affektuell,
also in diesem Sinn: irrational) diese Handlung vollzieht. Wir ver-

stehen endlich motivationsmäßig den Zorn, wenn wir wissen, daß ihm Eifersucht, gekränkte Eitelkeit, verletzte Ehre zugrunde liegt (affektuell bedingt, also: irrational motivationsmäßig). All dies sind verständliche *Sinnzusammenhänge*, deren Verstehen wir als ein *Erklären* des tatsächlichen Ablaufs des Handelns ansehen. »Erklären« bedeutet also für eine mit dem Sinn des Handelns befaßte Wissenschaft soviel wie: Erfassung des Sinn*zusammenhangs*, in den, seinem subjektiv gemeinten Sinn nach, ein aktuell verständliches Handeln hineingehört. (Über die kausale Bedeutung dieses »Erklärens« s. u. Nr. 6.) In all diesen Fällen, auch bei affektuellen Vorgängen, wollen wir den subjektiven Sinn des Geschehens, auch des Sinnzusammenhanges als »gemeinten« Sinn bezeichnen (darin also über den üblichen Sprachgebrauch hinausgehend, der von »Meinen« in diesem Verstand nur bei rationalem und zweckhaft beabsichtigtem Handeln zu sprechen pflegt).

6. »Verstehen« heißt in all diesen Fällen: deutende Erfassung: a) des im Einzelfall real gemeinten (bei historischer Betrachtung) oder b) des durchschnittlich und annäherungsweise gemeinten (bei soziologischer Massenbetrachtung) oder c) des für den *reinen* Typus (Idealtypus) einer häufigen Erscheinung wissenschaftlich zu konstruierenden (»idealtypischen«) Sinnes oder Sinnzusammenhangs. Solche idealtypische Konstruktionen sind z. B. die von der reinen Theorie der Volkswirtschaftslehre aufgestellten Begriffe und »Gesetze«. Sie stellen dar, wie ein bestimmt geartetes menschliches Handeln ablaufen *würde, wenn* es streng zweckrational, durch Irrtum und Affekte ungestört, und *wenn* es ferner ganz eindeutig nur an *einem* Zweck (Wirtschaft) orientiert wäre. Das reale Handeln verläuft nur in seltenen Fällen (Börse) und auch dann nur annäherungsweise so, wie im Idealtypus konstruiert. (Über den Zweck solcher Konstruktionen s. [*meine* Ausf. im] Archiv f. Sozialwiss. XIX S. 64 ff. [»Ges. Aufs. z. Wissenschaftslehre«, 4. Aufl., S. 190 ff.] und unten Nr. 11.)

Jede Deutung strebt zwar nach Evidenz [Nr. 3]. Aber eine sinnhaft noch so evidente Deutung kann als solche und um dieses Evidenzcharakters willen noch nicht beanspruchen: auch die kausal *gültige* Deutung zu sein. Sie ist stets an sich nur eine besonders evi-

dente kausale *Hypothese*. a) Es verhüllen vorgeschobene »Motive«
und »Verdrängungen« (d. h. zunächst: nicht eingestandene Motive) oft genug gerade dem Handelnden selbst den wirklichen Zusammenhang der Ausrichtung seines Handelns derart, daß auch
subjektiv aufrichtige Selbstzeugnisse nur relativen Wert haben. In
diesem Fall steht die Soziologie vor der Aufgabe, diesen Zusammenhang zu ermitteln und deutend festzustellen, *obwohl* er nicht,
oder meist: nicht voll, als in concreto »gemeint« ins *Bewußtsein* gehoben wurde: ein Grenzfall der Sinndeutung. b) Äußeren Vorgängen des Handelns, die uns als »gleich« oder »ähnlich« gelten, können höchst verschiedene Sinnzusammenhänge bei dem oder den
Handelnden zugrunde liegen, und wir »verstehen« auch ein sehr
stark abweichendes, oft sinnhaft geradezu gegensätzliches Handeln gegenüber Situationen, die wir als unter sich »gleichartig« ansehen (Beispiele bei *Simmel*, »Probl. der Geschichtsphil.«). c) Die
handelnden Menschen sind gegebenen Situationen gegenüber sehr
oft gegensätzlichen, miteinander kämpfenden Antrieben ausge-
setzt, die wir sämtlich »verstehen«. In welcher relativen *Stärke* aber
die verschiedenen im »Motivenkampf« liegenden, uns untereinan-
der *gleich* verständlichen Sinnbezogenheiten im Handeln sich aus-
zudrücken pflegen, läßt sich, nach aller Erfahrung, in äußerst vielen Fällen nicht einmal annähernd, durchaus regelmäßig aber nicht
sicher, abschätzen. Der tatsächliche Ausschlag des Motivenkamp-
fes allein gibt darüber Aufschluß. Kontrolle der verständlichen
Sinndeutung durch den Erfolg: den Ausschlag im tatsächlichen
Verlauf, ist also, wie bei jeder Hypothese, unentbehrlich. Sie kann
mit relativer Genauigkeit nur in den leider wenigen und sehr be-
sondersartigen dafür geeigneten Fällen im psychologischen Expe-
riment erreicht werden. Nur in höchst verschiedener Annäherung
in den (ebenfalls begrenzten) Fällen zählbarer und in ihrer Zurechnung eindeutiger Massenerscheinungen durch die Statistik. Im
übrigen gibt es nur die Möglichkeit der Vergleichung möglichst vieler Vorgänge des historischen oder Alltagslebens, welche sonst
gleichartig, aber in dem entscheidenden *einen* Punkt: dem jeweils
auf seine praktische Bedeutsamkeit hin untersuchten »Motiv«
oder »Anlaß«, verschieden geartet sind: eine wichtige Aufgabe der

vergleichenden Soziologie. Oft freilich bleibt leider nur das unsichere Mittel des »gedanklichen Experiments«, d. h. des Fort*denkens* einzelner Bestandteile der Motivationskette und der Konstruktion des *dann* wahrscheinlichen Verlaufs, um eine kausale Zurechnung zu erreichen.

Das sog. »Greshamsche Gesetz« z. B. ist eine rational evidente Deutung menschlichen Handelns bei gegebenen Bedingungen und unter der idealtypischen Voraussetzung rein zweckrationalen Handelns. Inwieweit *tatsächlich* ihm entsprechend gehandelt wird, kann nur die (letztlich im Prinzip irgendwie »statistisch« auszudrückende) Erfahrung über das tatsächliche Verschwinden der jeweils in der Geldverfassung zu niedrig bewerteten Münzsorten aus dem Verkehr lehren: sie lehrt tatsächlich seine sehr weitgehende Gültigkeit. In Wahrheit ist der Gang der Erkenntnis der gewesen: daß *zuerst* die Erfahrungsbeobachtungen vorlagen und dann die Deutung formuliert wurde. Ohne diese gelungene Deutung wäre unser kausales Bedürfnis offenkundig unbefriedigt. Ohne den Nachweis andererseits, daß der − wie wir einmal annehmen wollen − gedanklich erschlossene Ablauf des Sichverhaltens auch wirklich in irgendeinem Umfang eintritt, wäre ein solches an sich noch so evidentes »Gesetz« für die Erkenntnis des wirklichen Handelns eine wertlose Konstruktion. In diesem Beispiel ist die Konkordanz von Sinnadäquanz und Erfahrungsprobe durchaus schlüssig und sind die Fälle zahlreich genug, um die Probe auch als genügend gesichert anzusehen. Die sinnhaft erschließbare, durch symptomatische Vorgänge (Verhalten der hellenischen Orakel und Propheten zu den Persern) gestützte geistvolle Hypothese *Ed. Meyers* über die kausale Bedeutung der Schlachten von Marathon, Salamis, Plataiai für die Eigenart der Entwicklung der hellenischen (und damit der okzidentalen) Kultur ist nur durch diejenige Probe zu erhärten, welche an den Beispielen des Verhaltens der Perser im Falle des Sieges (Jerusalem, Ägypten, Kleinasien) gemacht werden kann und in vieler Hinsicht notwendig unvollkommen bleiben muß. Die bedeutende rationale Evidenz der Hypothese muß hier notgedrungen als Stütze nachhelfen. In sehr vielen Fällen sehr evident scheinender historischer Zurechnung fehlt aber jede Möglichkeit auch

nur einer solchen Probe, wie sie in diesem Fall noch möglich war.
Alsdann bleibt die Zurechnung eben endgültig »Hypothese«.

7. »Motiv« heißt ein Sinnzusammenhang, welcher dem Handelnden selbst oder dem Beobachtenden als sinnhafter »Grund«
eines Verhaltens erscheint. »Sinnhaft adäquat« soll ein zusammenhängend ablaufendes Verhalten in dem Grade heißen, als die
Beziehung seiner Bestandteile von uns nach den durchschnittlichen Denk- und Gefühlsgewohnheiten als typischer (wir pflegen zu
sagen: »richtiger«) Sinnzusammenhang bejaht wird. »Kausal adäquat« soll dagegen ein Aufeinanderfolgen von Vorgängen in dem
Grade heißen, als nach Regeln der *Erfahrung* eine Chance besteht:
daß sie stets in gleicher Art tatsächlich abläuft. (*Sinn*haft adäquat in
diesem Wortverstand ist z. B. die nach den uns geläufigen *Normen*
des Rechnens oder Denkens *richtige* Lösung eines Rechenexempels. *Kausal* adäquat ist – im Umfang des statistischen Vorkommens – die nach erprobten Regeln der Erfahrung stattfindende
Wahrscheinlichkeit einer – von jenen uns heute geläufigen Normen aus gesehen – »richtigen« *oder* »falschen« Lösung, also auch
eines typischen »Rechenfehlers« oder einer typischen »Problemverschlingung«). Kausale Erklärung bedeutet also die Feststellung: daß nach einer irgendwie abschätzbaren, im – seltenen –
Idealfall: zahlenmäßig angebbaren, Wahrscheinlichkeits*regel* auf
einen bestimmten beobachteten (inneren oder äußeren) Vorgang
ein bestimmter anderer Vorgang folgt (oder: mit ihm gemeinsam
auftritt).

Eine *richtige* kausale *Deutung* eines konkreten Handelns bedeutet: daß der äußere Ablauf und das Motiv *zutreffend* und zugleich in
ihrem Zusammenhang sinnhaft *verständlich* erkannt sind. Eine
richtige kausale Deutung *typischen* Handelns (verständlicher
Handlungstypus) bedeutet: daß der als typisch behauptete Hergang sowohl (in irgendeinem Grade) sinnadäquat erscheint wie (in
irgendeinem Grade) als kausal adäquat festgestellt werden kann.
Fehlt die Sinnadäquanz, dann liegt selbst bei größter und zahlenmäßig in ihrer Wahrscheinlichkeit präzis angebbarer Regelmäßigkeit des Ablaufs (des äußeren sowohl wie des psychischen) nur eine
unverstehbare (oder nur unvollkommen verstehbare) *statistische*

Wahrscheinlichkeit vor. Andererseits bedeutet für die Tragweite soziologischer Erkenntnisse selbst die evidenteste Sinnadäquanz nur in dem Maß eine richtige *kausale* Aussage, als der Beweis für das Bestehen einer (irgendwie angebbaren) *Chance* erbracht wird, daß das Handeln den sinnadäquat erscheinenden Verlauf *tatsächlich* mit angebbarer Häufigkeit oder Annäherung (durchschnittlich oder im »reinen« Fall) zu nehmen *pflegt.* Nur solche statistische Regelmäßigkeiten, welche einem *verständlichen* gemeinten Sinn eines sozialen Handelns entsprechen, sind (im hier gebrauchten Wortsinn) verständliche Handlungstypen, also: »soziologische Regeln«. Nur solche rationalen Konstruktionen eines sinnhaft verständlichen Handelns sind soziologische Typen realen Geschehens, welche in der Realität wenigstens in irgendeiner Annäherung beobachtet werden können. Es ist bei weitem nicht an dem: daß parallel der erschließbaren Sinnadäquanz *immer* auch die tatsächliche Chance der Häufigkeit des ihr entsprechenden Ablaufs wächst. Sondern ob dies der Fall ist, kann in jedem Fall nur die äußere Erfahrung zeigen. – *Statistik* gibt es (Absterbestatistik, Ermüdungsstatistik, Maschinenleistungsstatistik, Regenfallstatistik) von sinn*fremden* Vorgängen genau im gleichen Sinn wie von sinnhaften. *Soziologische* Statistik aber (Kriminalstatistik, Berufsstatistik, Preisstatistik, Anbaustatistik) nur von den letzteren (Fälle, welche *beides* enthalten: etwa Erntestatistik, sind selbstredend häufig).

8. Vorgänge und Regelmäßigkeiten, welche, weil unverstehbar, im hier gebrauchten Sinn des Wortes nicht als »soziologische Tatbestände« oder Regeln bezeichnet werden, sind natürlich um deswillen nicht etwa weniger *wichtig.* Auch nicht etwa für die Soziologie im hier betriebenen Sinne des Wortes (der ja eine Begrenzung auf »*verstehende* Soziologie« enthält, welche niemandem aufgenötigt werden soll und kann). Sie rücken nur, und dies allerdings methodisch ganz unvermeidlich, in eine andere Stelle als das verstehbare Handeln: in die von »Bedingungen«, »Anlässen«, »Hemmungen«, »Förderungen« desselben.

9. Handeln im Sinn sinnhaft verständlicher Orientierung des eigenen Verhaltens gibt es für uns stets nur als Verhalten von einer oder mehreren *einzelnen* Personen.

Für andere Erkenntniszwecke mag es nützlich oder nötig sein das
Einzelindividuum z. B. als eine Vergesellschaftung von »Zellen«
oder einen Komplex biochemischer Reaktionen, oder sein »psy-
chisches« Leben als durch (gleichviel wie qualifizierte) Einzelele-
mente konstituiert aufzufassen. Dadurch werden zweifellos wert-
volle Erkenntnisse (Kausalregeln) gewonnen. Allein wir *verstehen*
dies in Regeln ausgedrückte Verhalten dieser Elemente nicht.
Auch nicht bei psychischen Elementen, und zwar: je naturwissen-
schaftlich exakter sie gefaßt werden, desto *weniger*: zu einer Deutung aus einem gemeinten *Sinn* ist gerade dies niemals der Weg.
Für die Soziologie (im hier gebrauchten Wortsinn, ebenso wie für
die Geschichte) ist aber gerade der *Sinn*zusammenhang des Handelns Objekt der Erfassung. Das Verhalten der physiologischen
Einheiten, etwa: der Zellen oder irgendwelcher psychischer Elemente, können wir (dem Prinzip nach wenigstens) zu beobachten
oder aus Beobachtungen zu erschließen suchen, Regeln (»Gesetze«) dafür gewinnen und Einzelvorgänge mit deren Hilfe kausal
»erklären«, d. h.: unter Regeln bringen. Die Deutung des Handelns nimmt jedoch von diesen Tatsachen und Regeln nur soweit
und nur in dem Sinn Notiz wie von irgendwelchen anderen (z. B.
von physikalischen, astronomischen, geologischen, meteorologi-
schen, geographischen, botanischen, zoologischen, physiologischen, anatomischen, von sinnfremden psychopathologischen oder
von den naturwissenschaftlichen Bedingungen von technischen)
Tatbeständen.

Für wiederum andere (z. B. juristische) Erkenntniszwecke oder
für praktische Ziele kann es andererseits zweckmäßig und geradezu unvermeidlich sein: soziale Gebilde (»Staat«, »Genossenschaft«, »Aktiengesellschaft«, »Stiftung«) genauso zu behandeln
wie Einzelindividuen (z. B. als Träger von Rechten und Pflichten
oder als Täter *rechtlich* relevanter Handlungen). Für die verstehende Deutung des Handelns durch die Soziologie sind dagegen
diese Gebilde lediglich Abläufe und Zusammenhänge spezifischen
Handelns *einzelner* Menschen, da diese allein für uns verständliche
Träger von sinnhaft orientiertem Handeln sind. Trotzdem kann die
Soziologie auch für ihre Zwecke jene kollektiven Gedankenge-

bilde anderer Betrachtungsweisen nicht etwa *ignorieren*. Denn die
Deutung des Handelns hat zu jenen Kollektivbegriffen folgende
drei Beziehungen: a) Sie selbst ist oft genötigt, mit ganz ähnlichen
(oft mit ganz gleichartig bezeichneten) Kollektivbegriffen zu arbeiten, um überhaupt eine verständliche *Terminologie* zu gewinnen.
Die Juristen- sowohl wie die Alltagssprache bezeichnet z. B. als
»Staat« sowohl den Rechts*begriff* wie jenen Tatbestand sozialen
Handelns, *für* welchen die Rechtsregeln gelten wollen. Für die Soziologie besteht der Tatbestand »Staat« nicht notwendig nur oder
gerade aus den *rechtlich* relevanten Bestandteilen. Und jedenfalls
gibt es für sie keine »handelnde« Kollektivpersönlichkeit. Wenn
sie von »Staat« oder von »Nation« oder von »Aktiengesellschaft«
oder von »Familie« oder von »Armeekorps« oder von ähnlichen
»Gebilden« spricht, so meint sie damit vielmehr *lediglich* einen bestimmt gearteten Ablauf tatsächlichen, oder als möglich konstruierten, sozialen Handelns Einzelner, schiebt also dem juristischen
Begriff, den sie um seiner Präzision und Eingelebtheit willen verwendet, einen gänzlich anderen Sinn unter. – b) Die Deutung des
Handelns muß von der grundlegend wichtigen Tatsache Notiz
nehmen: daß jene dem Alltagsdenken oder dem juristischen (oder
anderem Fach-)Denken angehörigen Kollektivgebilde *Vorstellungen* von etwas teils Seiendem, teils Geltensollendem in den Köpfen
realer Menschen (der Richter und Beamten nicht nur, sondern
auch des »Publikums«) sind, an denen sich deren Handeln *orientiert*, und daß sie als solche eine ganz gewaltige, oft geradezu be-
herrschende, kausale Bedeutung für die Art des Ablaufs des Handelns der realen Menschen haben. Vor allem als Vorstellungen von
etwas Gelten- (oder auch: *Nicht-*Gelten-)*Sollendem*. (Ein moder-
ner »Staat« besteht zum nicht unerheblichen Teil deshalb in dieser
Art: – als Komplex eines spezifischen Zusammenhandelns von
Menschen –, *weil* bestimmte Menschen ihr Handeln an der *Vorstellung* orientieren, *daß* er bestehe oder so bestehen *solle*: *daß* also
Ordnungen von jener juristisch-orientierten Art *gelten*. Darüber
später.) Während für die eigene Terminologie der Soziologie (lit.
a) es möglich, wennschon äußerst pedantisch und weitläufig, wäre:
diese von der üblichen Sprache nun einmal *nicht* nur für das juristi-

sche Geltensollen, sondern auch für das reale Geschehen gebrauchten Begriffe ganz zu eliminieren und durch ganz neu gebil-
dete Worte zu ersetzen, wäre wenigstens für diesen wichtigen
Sachverhalt natürlich selbst dies ausgeschlossen. – c) Die Methode
der sogenannten »organischen« Soziologie (klassischer Typus:
Schäffles geistvolles Buch: »Bau und Leben des sozialen Körpers«)
sucht das gesellschaftliche Zusammenhandeln durch Ausgehen
vom »Ganzen« (z. B. einer »Volkswirtschaft«) zu erklären, innerhalb dessen dann der Einzelne und sein Verhalten ähnlich gedeutet
wird, wie etwa die Physiologie die Stellung eines körperlichen »Or-
gans« im »Haushalt« des Organismus (d. h. vom Standpunkt von
dessen »Erhaltung« aus) behandelt. (Vgl. das berühmte Kolleg-
Diktum eines Physiologen: »§ x: Die Milz. Von der Milz wissen wir
nichts, meine Herren. Soweit die Milz!« Tatsächlich »wußte« natürlich der Betreffende von der Milz ziemlich viel: Lage, Größe,
Form usw. – nur die »Funktion« konnte er nicht angeben, und dies
Unvermögen nannte er »Nichtswissen«.) Inwieweit bei anderen
Disziplinen diese Art der *funktionalen* Betrachtung der »*Teile*« eines »*Ganzen*« (notgedrungen) definitiv sein muß, bleibe hier unerörtert: es ist bekannt, daß die biochemische und biomechanische
Betrachtung sich grundsätzlich nicht damit begnügen möchte. Für
eine deutende Soziologie kann eine solche Ausdrucksweise: 1.
praktischen Veranschaulichungs- und provisorischen Orientie-
rungszwecken dienen (und in dieser Funktion höchst nützlich und
nötig – aber freilich auch, bei Überschätzung ihres Erkenntnis-
werts und falschem Begriffsrealismus: höchst nachteilig – sein).
Und 2.: Sie allein kann uns unter Umständen dasjenige soziale
Handeln herausfinden helfen, dessen deutendes Verstehen für die
Erklärung eines Zusammenhangs *wichtig* ist. Aber an diesem
Punkt *beginnt* erst die Arbeit der Soziologie (im hier verstandenen
Wortsinn). Wir sind ja bei »sozialen Gebilden« (im Gegensatz zu
»Organismen«) in der Lage: *über* die bloße Feststellung von funk-
tionellen Zusammenhängen und Regeln (»Gesetzen«) *hinaus* et-
was aller »Naturwissenschaft« (im Sinn der Aufstellung von Kau-
salregeln für Geschehnisse und Gebilde und der »Erklärung« der
Einzelgeschehnisse daraus) ewig Unzugängliches zu leisten: eben

das »*Verstehen*« des Verhaltens der beteiligten *Einzelnen*, während wir das Verhalten z. B. von Zellen *nicht* »verstehen«, sondern nur funktionell erfassen und dann nach *Regeln* seines Ablaufs feststellen können. Diese Mehrleistung der deutenden gegenüber der beobachtenden Erklärung ist freilich durch den wesentlich hypothetischeren und fragmentarischeren Charakter der durch Deutung zu gewinnenden Ergebnisse erkauft. Aber dennoch: *sie* ist gerade das dem soziologischen Erkennen Spezifische.

Inwieweit auch das Verhalten von Tieren uns sinnhaft »verständlich« ist und umgekehrt: – beides in höchst unsicherem Sinn und problematischem Umfang –, und inwieweit also theoretisch es auch eine Soziologie der Beziehungen des Menschen zu Tieren (Haustieren, Jagdtieren) geben könne (viele Tiere »verstehen« Befehl, Zorn, Liebe, Angriffsabsicht und reagieren darauf offenbar vielfach nicht ausschließlich mechanisch-instinktiv, sondern irgendwie auch bewußt sinnhaft und erfahrungsorientiert), bleibt hier völlig unerörtert. An sich ist das Maß unserer Einfühlbarkeit bei dem Verhalten von »Naturmenschen« nicht wesentlich größer. Wir haben aber *sichere* Mittel, den subjektiven Sachverhalt beim Tier festzustellen, teils gar nicht, teils in nur sehr unzulänglicher Art: die Probleme der Tierpsychologie sind bekanntlich ebenso interessant wie dornenvoll. Es bestehen insbesondere bekanntlich Tiervergesellschaftungen der verschiedensten Art: monogame und polygame »Familien«, Herden, Rudel, endlich funktionsteilige »Staaten«. (Das Maß der Funktionsdifferenzierung dieser Tiervergesellschaftungen geht keineswegs parallel mit dem Maß der Organ- oder der morphologischen Entwicklungs-Differenzierung der betreffenden Tiergattung. So ist die Funktionsdifferenzierung bei den Termiten und sind infolgedessen deren Artefakte weit differenzierter als bei den Ameisen und Bienen.) Hier ist selbstverständlich die rein funktionale Betrachtung: die Ermittlung der für die Erhaltung, d. h. die Ernährung, Verteidigung, Fortpflanzung, Neubildung der betreffenden Tiergesellschaften entscheidenden Funktionen der einzelnen Typen von Individuen (»Könige«, »Königinnen«, »Arbeiter«, »Soldaten«, »Drohnen«, »Geschlechtstiere«, »Ersatz-Königinnen« usw.) sehr oft mindestens für jetzt das

Definitive, mit dessen Feststellung sich die Forschung begnügen muß. Was darüber hinausging, waren lange Zeit lediglich Spekulationen oder Untersuchungen über das Maß, in welchem Erbgut einerseits, Umwelt andererseits an der Entfaltung dieser »sozialen« Anlagen beteiligt sein könnten. (So namentlich die Kontroversen zwischen *Weismann* – dessen »Allmacht der Naturzüchtung« in ihrem Unterbau stark mit ganz außerempirischen Deduktionen arbeitete – und *Götte*.) Darüber aber, daß es sich bei jener Beschränkung auf die funktionale Erkenntnis eben um ein notgedrungenes und, wie gehofft wird, nur provisorisches *Sichbegnügen* handelt, ist sich die ernste Forschung natürlich völlig einig. (S. z. B. für den Stand der Termiten-Forschung die Schrift von *K. Escherich*, 1909.) Man möchte eben nicht nur die ziemlich leicht erfaßbare »Erhaltungswichtigkeit« der Funktionen jener einzelnen differenzierten Typen einsehen und die Art, wie, ohne Annahme der Vererbung erworbener Eigenschaften oder umgekehrt im Falle dieser Annahme (und dann: bei welcher Art von Deutung dieser Annahme), jene Differenzierung erklärlich ist, dargelegt erhalten, sondern auch wissen: 1. was denn den Ausschlag der Differenzierung aus dem noch neutralen, undifferenzierten, Anfangsindividuum *entscheidet*, – 2. was das differenzierte Individuum *veranlaßt*, sich (im Durchschnitt) so zu verhalten, wie dies tatsächlich dem Erhaltungsinteresse der differenzierten Gruppe dient. Wo immer die Arbeit in dieser Hinsicht fortschritt, geschah dies durch Nachweis (oder Vermutung) von chemischen Reizen oder physiologischen Tatbeständen (Ernährungsvorgänge, parasitäre Kastration usw.) bei den *Einzel*individuen auf experimentellem Wege. Inwieweit die problematische Hoffnung besteht, experimentell auch die Existenz »psychologischer« und »sinnhafter« Orientierung wahrscheinlich zu machen, könnte heute wohl selbst der Fachmann kaum sagen. Ein kontrollierbares Bild der Psyche dieser sozialen Tierindividuen auf der Basis sinnhaften »Verstehens« erscheint selbst als ideales Ziel wohl nur in engen Grenzen erreichbar. Jedenfalls ist nicht von da aus das »Verständnis« menschlichen sozialen Handelns zu erwarten, sondern gerade umgekehrt: mit menschlichen Analogien wird dort gearbeitet und muß gearbeitet werden.

Erwartet darf vielleicht werden, daß diese Analogien uns einmal für die Fragestellung nützlich werden: wie in den Frühstadien der menschlichen sozialen Differenzierung der Bereich rein mechanisch-*instinktiver* Differenzierung im Verhältnis zum individuell sinnhaft Verständlichen und weiter zum *bewußt* rational Geschaffenen einzuschätzen ist. Die verstehende Soziologie wird sich selbstverständlich klar sein müssen: daß für die Frühzeit auch der Menschen die erstere Komponente schlechthin überragend ist und auch für die weiteren Entwicklungsstadien sich ihrer steten Mitwirkung (und zwar: entscheidend wichtigen Mitwirkung) bewußt bleiben. Alles »traditionale« Handeln (§ 2) und breite Schichten des »Charisma« (Kap. III) als des Keims psychischer »Anstekkung« und dadurch Trägers soziologischer »Entwicklungsreize« stehen solchen nur biologisch begreifbaren, nicht oder nur in Bruchstücken verständlich deutbaren und motivationsmäßig erklärbaren, Hergängen mit unmerklichen Übergängen sehr nahe. Das alles entbindet aber die verstehende Soziologie nicht von der Aufgabe: im Bewußtsein der engen Schranken, in die sie gebannt ist, zu leisten, was eben wieder nur sie leisten *kann*.

Die verschiedenen Arbeiten von Othmar *Spann*, oft reich an guten Gedanken neben freilich gelegentlichen Mißverständnissen und, vor allem, Argumentationen auf Grund nicht zur empirischen Untersuchung gehöriger reiner Werturteile, haben also unzweifelhaft recht mit der freilich von niemandem ernstlich bestrittenen Betonung der Bedeutung der funktionalen *Vor*fragestellung (er nennt dies: »universalistische Methode«) für jede Soziologie. Wir müssen gewiß erst wissen: welches Handeln funktional, vom Standpunkt der »Erhaltung« (aber weiter und vor allem eben doch auch: der Kultureigenart!) und: einer bestimmt gerichteten Fortbildung eines sozialen Handelnstyps *wichtig* ist, um dann die Frage stellen zu können: wie kommt dies Handeln zustande? welche Motive bestimmen es? Man muß erst wissen: was ein »König«, »Beamter«, »Unternehmer«, »Zuhälter«, »Magier« *leistet*: – welches typische »Handeln« (das allein ja ihn zu einer dieser Kategorien stempelt) also für die Analyse *wichtig* ist und in Betracht kommt, ehe man an diese Analyse gehen kann (»Wertbezogenheit« im Sinn *H. Rik*-

kerts). Aber erst diese Analyse leistet ihrerseits das, was das soziologische Verstehen des Handelns von typisch differenzierten einzelnen Menschen (und: *nur* bei den Menschen) leisten kann und
also: soll. Das ungeheure Mißverständnis jedenfalls, als ob eine
»individualistische« *Methode* eine (in *irgendeinem* möglichen Sinn)
individualistische *Wertung* bedeute, ist ebenso auszuschalten, wie
die Meinung: der unvermeidlich (relativ) rationalistische Charakter der *Begriffs*bildung bedeute den Glauben an das *Vorwalten* rationaler Motive oder gar: eine positive *Wertung* des »Rationalismus«. Auch eine sozialistische Wirtschaft müßte soziologisch genauso »individualistisch«, d. h.: aus dem *Handeln* der *Einzelnen*: –
der Typen von »Funktionären«, die in ihr auftreten, – heraus deutend *verstanden* werden wie etwa die Tauschvorgänge durch die
Grenznutzenlehre (oder eine zu findende »bessere«, aber in *diesem* Punkt ähnliche Methode). Denn stets beginnt auch dort die
entscheidende empirisch-soziologische Arbeit erst mit der Frage:
welche Motive *bestimmten* und *bestimmen* die einzelnen Funktio-
näre und Glieder dieser »Gemeinschaft«, sich so zu verhalten, *daß*
sie *entstand* und *fortbesteht*? Alle funktionale (vom »Ganzen« aus-
gehende) Begriffsbildung leistet nur *Vor*arbeit dafür, deren Nut-
zen und Unentbehrlichkeit – wenn sie richtig geleistet wird – natürlich unbestreitbar ist.

10. Die »Gesetze«, als welche man manche Lehrsätze der verstehenden Soziologie zu bezeichnen gewohnt ist, – etwa das Greshamsche »Gesetz« – sind durch Beobachtung erhärtete typische
Chancen eines bei Vorliegen gewisser Tatbestände zu *gewärtigenden* Ablaufes von sozialem Handeln, welche aus typischen Motiven
und typisch gemeintem Sinn der Handelnden *verständlich* sind.
Verständlich und eindeutig sind sie im Höchstmaß sowelt, als rein
zweckrationale Motive dem typisch beobachteten Ablauf zugrunde liegen (bzw. dem methodisch konstruierten Typus aus
Zweckmäßigkeitsgründen zugrunde gelegt werden), und als dabei
die Beziehung zwischen Mittel und Zweck nach Erfahrungssätzen
eindeutig ist (beim »unvermeidlichen« Mittel). In diesem Fall ist
die Aussage zulässig: daß, *wenn* streng zweckrational gehandelt
würde, so *und nicht anders* gehandelt werden *müßte* (weil den Be-

teiligten im Dienst ihrer – eindeutig angebbaren – Zwecke aus
»technischen« Gründen nur diese und keine anderen Mittel zur
Verfügung stehen). Gerade dieser Fall zeigt zugleich: wie irrig es
ist, als *die* letzte »Grundlage« der verstehenden Soziologie irgend-
eine »Psychologie« anzusehen. Unter »Psychologie« versteht
heute jeder etwas anderes. Ganz bestimmte methodische Zwecke
rechtfertigen für eine naturwissenschaftliche Behandlung gewisser
Vorgänge die Trennung von »Physischem« und »Psychischem«,
welche in *diesem* Sinn den Disziplinen vom Handeln fremd ist. Die
Ergebnisse einer wirklich *nur* das im Sinn naturwissenschaftlicher
Methodik »Psychische« mit Mitteln der Naturwissenschaft erfor-
schenden und also ihrerseits *nicht* – was etwas ganz anderes ist –
menschliches Verhalten auf seinen gemeinten *Sinn* hin deutenden
psychologischen Wissenschaft, gleichviel wie sie methodisch geartet sein möge, können natürlich, genau ebenso wie diejenigen irgendeiner anderen Wissenschaft, im Einzelfall Bedeutung für eine
soziologische Feststellung gewinnen und haben sie oft in hohem
Maße. Aber irgendwelche generell näheren Beziehungen als zu allen anderen Disziplinen hat die Soziologie zu ihr *nicht.* Der Irrtum
liegt im Begriff des »Psychischen«: Was nicht »physisch« sei, sei
»psychisch«. Aber der *Sinn* eines Rechenexempels, den jemand
meint, ist doch nicht »psychisch«. Die rationale Überlegung eines
Menschen: ob ein bestimmtes Handeln bestimmt gegebenen Interessen nach den zu erwartenden Folgen förderlich sei oder nicht und
der entsprechend dem Resultat gefaßte Entschluß werden uns
nicht um ein Haar verständlicher durch »psychologische« Erwägungen. Gerade auf solchen rationalen Voraussetzungen aber baut
die Soziologie (einschließlich der Nationalökonomie) die meisten
ihrer »Gesetze« auf. Bei der soziologischen Erklärung von *Irrationalitäten* des Handelns dagegen kann die *verstehende* Psychologie
in der Tat unzweifelhaft entscheidend wichtige Dienste leisten.
Aber das ändert an dem methodologischen Grundsachverhalt
nichts.

11. Die Soziologie bildet – wie schon mehrfach als selbstverständlich vorausgesetzt – *Typen*-Begriffe und sucht *generelle* Regeln des Geschehens. Im Gegensatz zur Geschichte, welche die

kausale Analyse und Zurechnung *individueller, kultur*wichtiger, Handlungen, Gebilde, Persönlichkeiten erstrebt. Die Begriffsbildung der Soziologie entnimmt ihr *Material*, als Paradigmata, sehr wesentlich, wenn auch keineswegs ausschließlich, den auch unter den Gesichtspunkten der Geschichte relevanten Realitäten des Handelns. Sie bildet ihre Begriffe und sucht nach ihren Regeln vor allem *auch* unter dem Gesichtspunkt: ob sie damit der historischen kausalen Zurechnung der kulturwichtigen Erscheinungen einen Dienst leisten kann. Wie bei jeder generalisierenden Wissenschaft bedingt die Eigenart ihrer Abstraktionen es, daß ihre Begriffe gegenüber der konkreten Realität des Historischen relativ inhalts*leer* sein müssen. Was sie dafür zu bieten hat, ist gesteigerte *Eindeutigkeit* der Begriffe. Diese gesteigerte Eindeutigkeit ist durch ein möglichstes Optimum von *Sinn*adäquanz erreicht, wie es die soziologische Begriffsbildung erstrebt. Diese kann – und das ist bisher vorwiegend berücksichtigt – bei *rationalen* (wert- oder zweckrationalen) Begriffen und Regeln besonders vollständig erreicht werden. Aber die Soziologie sucht auch irrationale (mystische, prophetische, pneumatische, affektuelle) Erscheinungen in theoretischen und zwar *sinn*adäquaten Begriffen zu erfassen. In *allen* Fällen, rationalen wie irrationalen, *entfernt* sie sich von der Wirklichkeit und dient der Erkenntnis dieser in der Form: daß durch Angabe des Maßes der *Annäherung* einer historischen Erscheinung an einen oder mehrere dieser Begriffe diese eingeordnet werden kann. Die gleiche historische Erscheinung kann z. B. in einem Teil ihrer Bestandteile »feudal«, im anderen »patrimonial«, in noch anderen »bureaukratisch«, in wieder anderen »charismatisch« geartet sein. Damit mit diesen Worten etwas *Eindeutiges* gemeint sei, muß die Soziologie ihrerseits »reine« (»*Ideal*«-)Typen von Gebilden jener Arten entwerfen, welche je in sich die konsequente Einheit möglichst vollständiger *Sinn*adäquanz zeigen, eben deshalb aber in dieser absolut idealen *reinen* Form vielleicht ebensowenig je in der Realität auftreten wie eine physikalische Reaktion, die unter Voraussetzung eines absolut leeren Raums errechnet ist. Nur vom *reinen* (»Ideal«-)Typus her ist soziologische Kasuistik möglich. Daß die Soziologie außerdem nach Gelegenheit auch den

*Durchschnitts-*Typus von der Art der empirisch-statistischen Typen verwendet: – ein Gebilde, welches der methodischen Erläuterung nicht besonders bedarf –, versteht sich von selbst. Aber wenn sie von »*typischen*« Fällen spricht, meint sie im Zweifel stets den *Ideal*typus, der seinerseits rational oder irrational sein *kann*, zumeist (in der nationalökonomischen Theorie z. B. immer) rational ist, stets aber *sinn*adäquat konstruiert wird.

Man muß sich klar sein, daß auf soziologischem Gebiet »Durchschnitte« und also »Durchschnittstypen« sich *nur* da einigermaßen eindeutig bilden lassen, wo es sich nur um *Grad*unterschiede qualitativ *gleich*artigen sinnhaft bestimmten Verhaltens handelt. Das kommt vor. In der Mehrzahl der Fälle ist aber das historisch oder soziologisch relevante Handeln von qualitativ *heterogenen* Motiven beeinflußt, zwischen denen ein »Durchschnitt« im eigentlichen Sinn gar nicht zu ziehen ist. Jene idealtypischen Konstruktionen sozialen Handelns, welche z. B. die Wirtschaftstheorie vornimmt, sind also in dem Sinn »wirklichkeitsfremd«, als sie – in diesem Fall – durchweg fragen: wie *würde* im Fall idealer und dabei rein wirtschaftlich orientierter Zweckrationalität gehandelt *werden*, um so das reale, durch Traditionshemmungen, Affekte, Irrtümer, Hineinspielen nicht wirtschaftlicher Zwecke oder Rücksichtnahmen mindestens *mit*bestimmte Handeln 1. *insoweit* verstehen zu können, als es tatsächlich ökonomisch zweckrational im konkreten Falle *mit*bestimmt war, oder – bei Durchschnittsbetrachtung – zu sein pflegt, 2. aber auch: gerade durch den *Abstand* seines realen Verlaufes vom idealtypischen die Erkenntnis seiner *wirklichen* Motive zu erleichtern. Ganz entsprechend würde eine idealtypische Konstruktion einer konsequenten, mystisch bedingten, akosmistischen Haltung zum Leben (z. B. zur Politik und Wirtschaft) zu verfahren haben. Je schärfer und eindeutiger konstruiert die Idealtypen sind: je welt*fremder* sie also, in diesem Sinne, sind, desto besser leisten sie ihren Dienst, terminologisch und klassifikatorisch sowohl wie heuristisch. Die konkrete kausale Zurechnung von Einzelgeschehnissen durch die Arbeit der Geschichte verfährt der Sache nach nicht anders, wenn sie, um z. B. den Verlauf des Feldzuges von 1866 zu erklären, sowohl für Moltke wie für Benedek

zunächst (gedanklich) ermittelt (wie sie es schlechthin tun *muß*):
wie jeder von ihnen, bei voller Erkenntnis der eigenen und der
Lage des Gegners, im Fall idealer Zweckrationalität disponiert haben *würde*, um damit zu vergleichen: wie tatsächlich disponiert
worden ist, und dann gerade den beobachteten (sei es durch falsche
Information, tatsächlichen Irrtum, Denkfehler, persönliches Tem-
perament oder außerstrategische Rücksichten bedingten) Abstand
kausal zu *erklären*. Auch hier ist (latent) eine idealtypische zweckrationale Konstruktion verwendet. –

Idealtypisch sind aber die konstruktiven Begriffe der Soziologie
nicht nur äußerlich, sondern auch innerlich. Das *reale* Handeln verläuft in der großen Masse seiner Fälle in dumpfer Halbbewußtheit
oder Unbewußtheit seines »gemeinten Sinns«. Der Handelnde
»fühlt« ihn mehr unbestimmt, als daß er ihn wüßte oder »sich klar
machte«, handelt in der Mehrzahl der Fälle triebhaft oder gewohn-
heitsmäßig. Nur gelegentlich, und bei massenhaft gleichartigem
Handeln oft nur von Einzelnen, wird ein (sei es rationaler, sei es ir-
rationaler) Sinn des Handelns in das Bewußtsein gehoben. Wirklich effektiv, d. h. voll bewußt und klar, sinnhaftes Handeln ist in
der Realität stets nur ein Grenzfall. Auf diesen Tatbestand wird
jede historische und soziologische Betrachtung bei Analyse der
Realität stets Rücksicht zu nehmen haben. Aber das darf nicht hindern, daß die Soziologie ihre *Begriffe* durch Klassifikation des
möglichen »gemeinten Sinns« bildet, also so, als ob das Handeln
tatsächlich bewußt sinnorientiert verliefe. Den Abstand gegen die
Realität hat sie jederzeit, wenn es sich um die Betrachtung dieser in
ihrer Konkretheit handelt, in Betracht zu ziehen und nach Maß und
Art festzustellen.

Man hat eben methodisch sehr oft nur die Wahl zwischen unkla-
ren oder klaren, aber dann irrealen und »idealtypischen«, Termini.
In diesem Fall aber sind die letzteren wissenschaftlich vorzuziehen.
(S. über alles dies: Arch. f. Sozialwiss. XIX a.a.O. [vgl. oben
S. 25, Nr. 6]).

II. Begriff des sozialen Handelns

1. Soziales Handeln (einschließlich des Unterlassens oder Duldens) kann orientiert werden am vergangenen, gegenwärtigen oder für künftig erwarteten Verhalten anderer (Rache für frühere Angriffe, Abwehr gegenwärtigen Angriffs, Verteidigungsmaßregeln gegen künftige Angriffe). Die »anderen« können Einzelne und Bekannte oder unbestimmt Viele und ganz Unbekannte sein (»Geld« z. B. bedeutet ein Tauschgut, welches der Handelnde beim Tausch deshalb annimmt, weil er sein Handeln an der Erwartung orientiert, daß sehr zahlreiche, aber unbekannte und unbestimmt viele Andere es ihrerseits künftig in Tausch zu nehmen bereit sein werden).

2. Nicht jede Art von Handeln – auch von äußerlichem Handeln – ist »soziales« Handeln im hier festgehaltenen Wortsinn. Äußeres Handeln dann nicht, wenn es sich lediglich an den Erwartungen des Verhaltens sachlicher Objekte orientiert. Das innere Sichverhalten ist soziales Handeln nur dann, wenn es sich am Verhalten anderer orientiert. Religiöses Verhalten z. B. dann nicht, wenn es Kontemplation, einsames Gebet usw. bleibt. Das Wirtschaften (eines Einzelnen) erst dann und nur insofern, als es das Verhalten Dritter mit in Betracht zieht. Ganz allgemein und formal also schon: indem es auf die Respektierung der eigenen faktischen Verfügungsgewalt über wirtschaftliche Güter durch Dritte reflektiert. In materialer Hinsicht: indem es z. B. beim Konsum den künftigen Begehr Dritter mitberücksichtigt und die Art des eigenen »Sparens« daran mitorientiert. Oder indem es bei der Produktion einen künftigen Begehr Dritter zur Grundlage seiner Orientierung macht usw.

3. Nicht jede Art von Berührung von Menschen ist sozialen Charakters, sondern nur ein sinnhaft am Verhalten des andern orientiertes eigenes Verhalten. Ein Zusammenprall zweier Radfahrer z. B. ist ein bloßes Ereignis wie ein Naturgeschehen. Wohl aber wären ihr Versuch, dem andern auszuweichen, und die auf den Zusammenprall folgende Schimpferei, Prügelei oder friedliche Erörterung »soziales Handeln«.

4. Soziales Handeln ist weder identisch a) mit einem *gleichmäßi-*

gen Handeln mehrerer, noch b) mit jedem durch das Verhalten anderer *beeinflußten* Handeln. a) Wenn auf der Straße eine Menge Menschen beim Beginn eines Regens gleichzeitig den Regenschirm aufspannen, so ist (normalerweise) das Handeln des einen nicht an dem des andern orientiert, sondern das Handeln aller gleichartig an dem Bedürfnis nach Schutz gegen die Nässe. – b) Es ist bekannt, daß das Handeln des Einzelnen durch die bloße Tatsache, daß er sich innerhalb einer örtlich zusammengedrängten »Masse« befindet, stark beeinflußt wird (Gegenstand der »massenpsychologischen« Forschung, z. B. von der Art der Arbeiten *Le Bon's*): mass*enbedingtes* Handeln. Und auch zerstreute Massen können durch ein simultan oder sukzessiv auf den Einzelnen (z. B. durch Vermittlung der Presse) wirkendes und als solches empfundenes Verhalten Vieler das Verhalten der Einzelnen massenbedingt werden lassen. Bestimmte Arten des Reagierens werden durch die bloße Tatsache, daß der Einzelne sich als Teil einer »Masse« fühlt, erst ermöglicht, andere erschwert. Infolgedessen kann dann ein bestimmtes Ereignis oder menschliches Verhalten Empfindungen der verschiedensten Art: Heiterkeit, Wut, Begeisterung, Verzweiflung und Leidenschaften aller Art hervorrufen, welche bei Vereinzelung nicht (oder nicht so leicht) als Folge eintreten würden, – ohne daß doch dabei (in vielen Fällen wenigstens) zwischen dem Verhalten des Einzelnen und der Tatsache seiner Massenlage eine *sinnhafte* Beziehung bestände. Ein derart durch das Wirken der bloßen Tatsache der »Masse« rein als solcher in seinem Ablauf nur reaktiv verursachtes oder mitverursachtes, nicht auch darauf sinnhaft *bezogenes* Handeln würde begrifflich nicht »soziales Handeln« im hier festgehaltenen Wortsinn sein. Indessen ist der Unterschied natürlich höchst flüssig. Denn nicht nur z. B, beim Demagogen, sondern oft auch beim Massenpublikum selbst kann dabei ein verschieden großes und verschieden deutbares Maß von Sinnbeziehung zum Tatbestand der »Masse« bestehen. – Ferner würde bloße »Nachahmung« fremden Handelns (auf deren Bedeutung *G. Tarde* berechtigtes Gewicht legt) begrifflich dann nicht *spezifisch* »soziales Handeln« sein, wenn sie lediglich reaktiv, ohne sinnhafte Orientierung des eigenen an dem fremden Handeln, erfolgt. Die

Grenze ist derart flüssig, daß eine Unterscheidung oft kaum möglich erscheint. Die bloße Tatsache aber, daß jemand eine ihm zweckmäßig scheinende Einrichtung, die er bei anderen kennenlernte, nun auch bei sich trifft, ist nicht in unserem Sinn: soziales Handeln. Nicht *am* Verhalten des andern orientiert sich dies Handeln, sondern *durch* Beobachtung dieses Verhaltens hat der Handelnde bestimmte objektive Chancen kennen gelernt und an *diesen* orientiert er sich. Sein Handeln ist *kausal,* nicht aber sinnhaft, durch fremdes Handeln bestimmt. Wird dagegen z. B. fremdes Handeln nachgeahmt, weil es »Mode« ist, als traditional, mustergültig oder als ständisch »vornehm« gilt, oder aus ähnlichen Gründen, so liegt die Sinnbezogenheit – entweder: auf das Verhalten der Nachgeahmten, oder: Dritter, oder: beider – vor. Dazwischen liegen naturgemäß Übergänge. Beide Fälle: Massenbedingtheit und Nachahmung sind flüssig und Grenzfälle sozialen Handelns, wie sie noch oft, z. B. beim traditionalen Handeln (§ 2), begegnen werden. Der Grund der Flüssigkeit liegt in diesen wie anderen Fällen darin, daß die Orientierung an fremdem Verhalten und der Sinn des eigenen Handelns ja keineswegs immer eindeutig feststellbar oder auch nur *bewußt* und noch seltener: vollständig bewußt ist. Bloße »Beeinflussung« und sinnhafte »Orientierung« sind schon um deswillen nicht immer sicher zu scheiden. Aber begrifflich sind sie zu trennen, obwohl, selbstredend, die nur »reaktive« Nachahmung *mindestens* die gleiche soziologische *Tragweite* hat wie diejenige, welche »soziales Handeln« im eigentlichen Sinn darstellt. Die Soziologie hat es eben keineswegs *nur* mit »sozialem Handeln« zu tun, sondern dieses bildet nur (für die hier betriebene Art von Soziologie) ihren zentralen Tatbestand, denjenigen, der für sie als Wissenschaft sozusagen *konstitutiv* ist. Keineswegs aber ist damit über die *Wichtigkeit* dieses [Tatbestandes] im Verhältnis zu anderen Tatbeständen etwas ausgesagt.

§ 2. Bestimmungsgründe sozialen Handelns

Wie jedes Handeln kann auch das soziale Handeln bestimmt sein 1. *zweckrational:* durch Erwartungen des Verhaltens von Gegenständen der Außenwelt und von anderen Menschen und unter Bentzung dieser Erwartungen als »Bedingungen« oder als »Mittel« für rational, als Erfolg, erstrebte und abgewogene eigene *Zwecke,* – 2. *wertrational:* durch bewußten Glauben an den – ethischen, ästhetischen, religiösen oder wie immer sonst zu deutenden – unbedingten *Eigen*wert eines bestimmten Sichverhaltens rein als solchen und unabhängig vom Erfolg, – 3. *affektuell,* insbesondere *emotional:* durch aktuelle Affekte und Gefühlslagen, – 4. *traditional:* durch eingelebte Gewohnheit.

1. Das streng traditionale Verhalten steht – ganz ebenso wie die rein reaktive Nachahmung (s. vorigen §) – ganz und gar an der Grenze und oft jenseits dessen, was man ein »sinnhaft« orientiertes Handeln überhaupt nennen kann. Denn es ist sehr oft nur ein dumpfes, in der Richtung der einmal eingelebten Einstellung ablaufendes Reagieren auf gewohnte Reize. Die Masse alles eingelebten Alltagshandelns nähert sich diesem Typus, der nicht nur als Grenzfall in die Systematik gehört, sondern auch deshalb, weil (wovon später) die Bindung an das Gewohnte in verschiedenem Grade und Sinne bewußt aufrecht erhalten werden kann: in diesem Fall nähert sich dieser Typus dem von Nr. 2.

2. Das streng affektuelle Sichverhalten steht ebenso an der Grenze und oft jenseits dessen, was bewußt »sinnhaft« orientiert ist; es kann hemmungsloses Reagieren auf einen außeralltäglichen Reiz sein. Eine *Sublimierung* ist es, wenn das affektuell bedingte Handeln als *bewußte* Entladung der Gefühlslage auftritt: es befindet sich dann meist (nicht immer) schon auf dem Wege zur »Wertrationalisierung« oder zum Zweckhandeln oder zu beiden.

3. Affektuelle und wertrationale Orientierung des Handelns unterscheiden sich durch die bewußte Herausarbeitung der letzten

Richtpunkte des Handelns und durch *konsequente* planvolle Orientierung daran bei dem letzteren. Sonst haben sie gemeinsam: daß für sie der Sinn des Handelns nicht in dem jenseits seiner liegenden Erfolg, sondern in dem bestimmt gearteten Handeln als solchen liegt. Affektuell handelt, wer sein Bedürfnis nach aktueller Rache, aktuellem Genuß, aktueller Hingabe, aktueller kontemplativer Seligkeit oder nach Abreaktion aktueller Affekte (gleichviel wie massiver oder wie sublimer Art) befriedigt.

Rein wertrational handelt, wer ohne Rücksicht auf die vorauszusehenden Folgen handelt im Dienst seiner Überzeugung von dem, was Pflicht, Würde, Schönheit, religiöse Weisung, Pietät, oder die Wichtigkeit einer »Sache« gleichviel welcher Art, ihm zu gebieten scheinen. Stets ist (im Sinn unserer Terminologie) wertrationales Handeln ein Handeln nach » Geboten« oder gemäß »Forderungen«, die der Handelnde an sich gestellt glaubt. Nur soweit menschliches Handeln sich an solchen Forderungen orientiert, – was stets nur in einem sehr verschieden großen, meist ziemlich bescheidenen, Bruchteil der Fall ist, – wollen wir von Wertrationalität reden. Wie sich zeigen wird, kommt ihr Bedeutung genug zu, um sie als Sondertyp herauszuheben, obwohl hier im übrigen nicht eine irgendwie erschöpfende Klassifikation der Typen des Handelns zu geben versucht wird.

4. Zweckrational handelt, wer sein Handeln nach Zweck, Mitteln und Nebenfolgen orientiert und dabei sowohl die Mittel gegen die Zwecke, wie die Zwecke gegen die Nebenfolgen, wie endlich auch die verschiedenen möglichen Zwecke gegeneinander rational *abwägt*: also jedenfalls *weder* affektuell (und insbesondere nicht emotional), *noch* traditional handelt. Die Entscheidung zwischen konkurrierenden und kollidierenden Zwecken und Folgen kann dabei ihrerseits *wert*rational orientiert sein: dann ist das Handeln nur in seinen Mitteln zweckrational. Oder es kann der Handelnde die konkurrierenden und kollidierenden Zwecke ohne wertrationale Orientierung an »Geboten« und »Forderungen« einfach als gegebene subjektive Bedürfnisregungen in eine Skala ihrer von ihm bewußt *abgewogenen* Dringlichkeit bringen und danach sein Handeln so orientieren, daß sie in dieser Reihenfolge nach Mög-

lichkeit befriedigt werden (Prinzip des »Grenznutzens«). Die wertrationale Orientierung des Handelns kann also zur zweckrationalen in verschiedenartigen Beziehungen stehen. Vom Standpunkt der Zweckrationalität aus aber ist Wertrationalität immer, und zwar je mehr sie den Wert, an dem das Handeln orientiert wird, zum absoluten Wert steigert, desto mehr: *irrational*, weil sie ja um so weniger auf die Folgen des Handelns reflektiert, je unbedingter allein dessen *Eigen*wert (reine Gesinnung, Schönheit, absolute Güte, absolute Pflichtmäßigkeit) für sie in Betracht kommt. *Absolute* Zweckrationalität des Handelns ist aber auch nur ein im wesentlichen konstruktiver Grenzfall.

5. Sehr selten ist Handeln, insbesondere soziales Handeln, *nur* in der einen *oder* der anderen Art orientiert. Ebenso sind diese Arten der Orientierung natürlich in gar keiner Weise erschöpfende Klassifikationen der Arten der Orientierung des Handelns, sondern für soziologische Zwecke geschaffene, begrifflich reine Typen, denen sich das reale Handeln mehr oder minder annähert oder aus denen es – noch häufiger – gemischt ist. Ihre Zweckmäßigkeit für *uns* kann nur der Erfolg ergeben.

§ 3. Die soziale Beziehung

Soziale »Beziehung« soll ein seinem Sinngehalt nach aufeinander gegenseitig *eingestelltes* und dadurch orientiertes Sichverhalten mehrerer heißen. Die soziale Beziehung *besteht* also durchaus und ganz ausschließlich: in der *Chance,* daß in einer (sinnhaft) angebbaren Art sozial gehandelt wird, einerlei zunächst: worauf diese Chance beruht.

1. Ein Mindestmaß von Beziehung des *beider*seitigen Handelns *aufeinander* soll also Begriffsmerkmal sein. Der Inhalt kann der allerverschiedenste sein: Kampf, Feindschaft, Geschlechtsliebe, Freundschaft, Pietät, Marktaustausch, »Erfüllung« oder »Umgehung« oder »Bruch« einer Vereinbarung, ökonomische oder erotische oder andere »Konkurrenz«, ständische oder nationale oder Klassengemeinschaft *(falls* diese letzteren Tatbestände über bloße Gemeinsamkeiten hinaus »soziales Handeln« erzeugen, – wovon später). Der Begriff besagt also *nichts* darüber: ob »Solidarität« der Handelnden besteht oder das gerade Gegenteil.

2. Stets handelt es sich um den im Einzelfall wirklich oder durchschnittlich oder im konstruierten »reinen« Typus von den Beteiligten *gemeinten,* empirischen, Sinngehalt, niemals um einen normativ »richtigen« oder metaphysisch »wahren« Sinn. Die soziale Beziehung *besteht,* auch wenn es sich um sogenannte »soziale Gebilde«, wie »Staat«, »Kirche«, »Genossenschaft«, »Ehe« usw. handelt, ausschließlich und lediglich in der *Chance*, daß ein seinem Sinngehalt nach in angebbarer Art aufeinander eingestelltes Handeln stattfand, stattfindet oder stattfinden wird. Dies ist immer festzuhalten, um eine »substantielle« Auffassung dieser Begriffe zu vermeiden. Ein »Staat« hört z. B. soziologisch zu »existieren« dann auf, sobald die *Chance,* daß bestimmte Arten von sinnhaft orientiertem sozialen Handeln ablaufen, geschwunden ist. Diese Chance kann eine sehr große oder eine verschwindend geringe sein. In dem Sinn und *Maße,* als sie tatsächlich (schätzungsweise) bestand oder besteht, bestand oder besteht auch die betreffende

soziale Beziehung. Ein anderer *klarer* Sinn ist mit der Aussage: daß z. B. ein bestimmter »Staat« noch oder nicht mehr »existiere«, schlechthin nicht zu verbinden.

3. Es ist in keiner Art gesagt: daß die an dem aufeinander einge-stellten Handeln Beteiligten im Einzelfall den *gleichen* Sinngehalt in die soziale Beziehung legen oder sich sinnhaft entsprechend der Einstellung des Gegenpartners innerlich zu ihm einstellen, daß also in *diesem* Sinn »Gegenseitigkeit« besteht. »Freundschaft«, »Lie-be«, »Pietät«, »Vertragstreue«, »nationales Gemeinschaftsge-fühl« von der einen Seite kann auf durchaus andersartige Einstel-lungen der anderen Seite stoßen. Dann verbinden eben die Betei-ligten mit ihrem Handeln einen verschiedenen Sinn: die soziale Be-ziehung ist insoweit von beiden Seiten objektiv »einseitig«. Auf-einander bezogen ist sie aber auch dann insofern, als der Han-delnde vom Partner (vielleicht ganz oder teilweise irrigerweise) eine bestimmte Einstellung dieses letzteren ihm (dem Handeln-den) gegenüber *voraussetzt* und an diesen Erwartungen sein eige-nes Handeln orientiert, was für den Ablauf des Handelns und die Gestaltung der Beziehung Konsequenzen haben kann und meist [haben] wird. Objektiv »beiderseitig« ist sie natürlich nur insoweit, als der Sinngehalt einander – nach den durchschnittlichen *Erwar-tungen* jedes der Beteiligten – »entspricht«, also z. B. der Vaterein-stellung die Kindeseinstellung wenigstens annähernd so gegen-übersteht, wie der Vater dies (im Einzelfall oder durchschnittlich oder typisch) erwartet. Eine völlig und restlos auf gegenseitiger sinn*entsprechender* Einstellung ruhende soziale Beziehung ist in der Realität nur ein Grenzfall. Fehlen der Beiderseitigkeit aber soll, nach unserer Terminologie, die Existenz einer »sozialen Be-ziehung« nur dann ausschließen, wenn sie die Folge hat: daß ein Aufeinander*bezogensein* des beiderseitigen Handelns tatsächlich fehlt. Alle Arten von Übergängen sind hier wie sonst in der Reali-tät die Regel.

4. Eine soziale Beziehung kann ganz vorübergehenden Charak-ters sein oder aber auf Dauer, d. h. derart eingestellt sein: daß die Chance einer kontinuierlichen *Wiederkehr* eines sinnentsprechen-den (d. h. dafür geltenden und demgemäß erwarteten) Verhaltens

besteht. *Nur* das Vorliegen dieser Chance: – der mehr oder minder großen *Wahrscheinlichkeit* also, daß ein sinnentsprechendes Handeln stattfindet, und *nichts* darüber hinaus – bedeutet der »*Bestand*« der sozialen Beziehung, was zur Vermeidung falscher Vorstellungen stets gegenwärtig zu halten ist. Daß eine »Freundschaft« oder daß ein »Staat« *besteht* oder bestand, bedeutet also ausschließlich und allein: *wir* (die *Betrachtenden*) urteilen, daß eine *Chance* vorliegt oder vorlag, daß auf Grund einer bestimmt gearteten Einstellung bestimmter Menschen in einer einem *durchschnittlich gemeinten* Sinn nach angebbaren Art *gehandelt* wird, und sonst gar nichts (vgl. Nr. 2 a. E.). Die für die *juristische* Betrachtung unvermeidliche Alternative: daß ein *Rechts*satz bestimmten Sinnes entweder (im Rechtssinn) gelte oder nicht, ein *Rechts*verhältnis entweder bestehe oder nicht, gilt für die soziologische Betrachtung also *nicht*.

5. Der Sinngehalt einer sozialen Beziehung kann wechseln: – z. B. eine politische Beziehung aus Solidarität in Interessenkollision umschlagen. Es ist dann nur eine Frage der terminologischen Zweckmäßigkeit und des Maßes von *Kontinuität* [in] der Wandlung, ob man in solchen Fällen sagt: daß eine »neue« Beziehung gestiftet sei, oder: daß die fortbestehende alte einen neuen »Sinngehalt« erhalten habe. Auch kann der Sinngehalt zum Teil perennierend, zum Teil wandelbar sein.

6. Der Sinngehalt, welcher eine soziale Beziehung *perennierend* konstituiert, kann in »Maximen« formulierbar sein, deren durchschnittliche oder sinnhaft annähernde Innehaltung die Beteiligten von dem oder den Partnern *erwarten* und an denen sie ihrerseits (durchschnittlich und annähernd) ihr Handeln orientieren. Je rationaler – zweckrationaler oder wertrationaler – orientiert das betreffende Handeln seinem allgemeinen Charakter nach ist, desto mehr ist dies der Fall. Bei einer erotischen oder überhaupt affektuellen (z. B. einer »Pietäts«-)Beziehung ist die Möglichkeit einer rationalen Formulierung des gemeinten Sinngehaltes z. B. naturgemäß weit geringer als etwa bei einem geschäftlichen Kontraktverhältnis.

7. Der Sinngehalt einer sozialen Beziehung kann durch gegen-

seitige Zusage *vereinbart* sein. Dies bedeutet: daß die daran Beteiligten für ihr künftiges Verhalten (sei es zu einander, sei es sonst)
Versprechungen machen. Jeder daran Beteiligte zählt dann – soweit er rational erwägt – zunächst (mit verschiedener Sicherheit)
normalerweise darauf, daß der *andere* sein Handeln an einem von
ihm (dem Handelnden) selbst verstandenen Sinn der Vereinbarung orientieren werde. Er orientiert sein eigenes Handeln teils
zweckrational (je nachdem mehr oder minder sinnhaft »loyal«) an
dieser Erwartung, teils wertrational an der »Pflicht«, auch seinerseits die eingegangene Vereinbarung dem von ihm gemeinten Sinn
gemäß zu »halten«. Soviel hier vorweg. Im übrigen vgl. § 9 und
§ 13.

§ 4. Typen sozialen Handelns:
Brauch, Sitte

Es lassen sich innerhalb des sozialen Handelns tatsächliche Regelmäßigkeiten beobachten, d. h. in einem typisch gleichartig *gemeinten Sinn* beim gleichen Handelnden sich wiederholende oder (eventuell auch: zugleich) bei zahlreichen Handelnden verbreitete Abläufe von Handeln. Mit diesen *Typen* des Ablaufs von Handeln befaßt sich die Soziologie, im Gegensatz zur Geschichte als der kausalen Zurechnung wichtiger, d. h. schicksalhafter, Einzelzusammenhänge.

Eine tatsächlich bestehende Chance einer *Regelmäßigkeit* der Einstellung sozialen Handelns soll heißen *Brauch,* wenn und soweit die Chance ihres Bestehens innerhalb eines Kreises von Menschen *lediglich* durch tatsächliche Übung gegeben ist. Brauch soll heißen *Sitte,* wenn die tatsächliche Übung auf langer *Eingelebtheit* beruht. Sie soll dagegen bezeichnet werden als »bedingt durch *Interessenlage*« (*»interessenbedingt«),* wenn und soweit die Chance ihres empirischen Bestandes *lediglich* durch rein zweckrationale Orientierung des Handelns der Einzelnen an gleichartigen *Erwartungen* bedingt ist.

1. Zum Brauch gehört auch die »Mode«. »Mode« im Gegensatz zu »Sitte« soll Brauch dann heißen, wenn (gerade umgekehrt wie bei Sitte) die Tatsche der *Neuheit* des betreffenden Verhaltens Quelle der Orientierung des Handelns daran wird. Sie hat ihre Stätte in der Nachbarschaft der »Konvention«, da sie wie (meist) diese *ständischen* Prestigeinteressen entspringt. Hier wird sie nicht näher behandelt.

2. »Sitte« soll uns eine im Gegensatz zu »Konvention« und »Recht« *nicht* äußerlich garantierte Regel heißen, an welche sich der Handelnde freiwillig, sei es einfach »gedankenlos« oder aus »Bequemlichkeit« oder aus welchen Gründen immer, tatsächlich

hält und deren wahrscheinliche Innehaltung er von anderen diesem
Menschenkreis Angehörigen aus diesen Gründen gewärtigen
kann. Sitte in diesem Sinn wäre also nichts »Geltendes«: es wird
von niemandem »verlangt«, daß er sie mitmache. Der Übergang
von da zur geltenden *Konvention* und zum *Recht* ist natürlich absolut flüssig. Überall ist das tatsächlich Hergebrachte der Vater des
Geltenden gewesen. Es ist heute »Sitte«, daß wir am Morgen ein
Frühstück ungefähr angebbarer Art zu uns nehmen; aber irgend-
eine »Verbindlichkeit« dazu besteht (außer für Hotelbesucher)
nicht; und es war nicht immer Sitte. Dagegen ist die Art der Bekleidung, auch wo sie aus »Sitte« entstanden ist, heute in weitem Umfang nicht mehr nur Sitte, sondern Konvention. Über Brauch und
Sitte sind die betreffenden Abschnitte aus *Jherings* »Zweck im
Recht« (Band II) noch heute lesenswert. Vgl. auch *P. Oertmann*,
Rechtsordnung und Verkehrssitte (1914), und neuestens: *E. Weigelin*, Sitte, Recht und Moral, 1919 (übereinstimmend mit *mir* gegen *Stammler*).

3. Zahlreiche höchst auffallende Regelmäßigkeiten des Ablaufs
sozialen Handelns, insbesondere (aber nicht nur) des wirtschaftlichen Handelns beruhen keineswegs auf Orientierung an irgendeiner als »geltend« vorgestellten Norm, aber auch nicht auf Sitte,
sondern lediglich darauf: daß die Art des sozialen Handelns der
Beteiligten, der Natur der Sache nach, ihren normalen, subjektiv
eingeschätzten, *Interessen* so am durchschnittlich besten entspricht
und daß sie an dieser subjektiven Ansicht und Kenntnis ihr Handeln orientieren: so etwa Regelmäßigkeiten der Preisbildung bei
»freiem« Markt. Die Marktinteressenten orientieren eben ihr
Verhalten, als »Mittel«, an eigenen *typischen* subjektiven wirtschaftlichen Interessen als »Zweck« und an den ebenfalls typischen
Erwartungen, die sie vom voraussichtlichen Verhalten der anderen
hegen, als »Bedingungen«, jenen Zweck zu erreichen. Indem sie
derart, *je strenger* zweckrational sie handeln, desto ähnlicher auf
gegebene Situationen reagieren, entstehen Gleichartigkeiten, Regelmäßigkeiten und Kontinuitäten der Einstellung und des Handelns, welche sehr oft weit stabiler sind, als wenn Handeln sich an
Normen und Pflichten orientiert, die einem Kreise von Menschen

tatsächlich für »verbindlich« gelten. Diese Erscheinung: daß
Orientierung an der nackten eigenen und fremden Interessenlage
Wirkungen hervorbringt, welche jenen gleichstehen, die durch
Normierung – und zwar sehr oft vergeblich – zu erzwingen gesucht
werden, hat insbesondere auf wirtschaftlichem Gebiet große Auf-
merksamkeit erregt: – sie war geradezu eine der Quellen des Ent-
stehens der Nationalökonomie als Wissenschaft. Sie gilt aber von
allen Gebieten des Handelns in ähnlicher Art. Sie bildet in ihrer
Bewußtheit und inneren Ungebundenheit den polaren Gegensatz
gegen jede Art von innerer Bindung durch Einfügung in bloße eingelebte »Sitte«, wie andererseits gegen Hingabe an wertrational
geglaubte Normen. *Eine* wesentliche Komponente der »Rationalisierung« des Handelns ist der Ersatz der inneren Einfügung in eingelebte Sitte durch die planmäßige Anpassung an Interessenlagen.
Freilich erschöpft dieser Vorgang den Begriff der »Rationalisierung« des Handelns nicht. Denn außerdem kann diese positiv in
der Richtung der bewußten Wertrationalisierung, negativ aber außer auf Kosten der Sitte auch auf Kosten affektuellen Handelns,
und endlich auch zugunsten eines wert*un*gläubigen, rein zweckrationalen, auf Kosten wertrational gebundenen Handelns verlaufen.
Diese *Vieldeutigkeit* des Begriffs der »Rationalisierung« des Handelns wird uns noch öfter beschäftigen. (Begriffliches dazu am
Schluß!)

4. Die Stabilität der (bloßen) *Sitte* beruht wesentlich darauf, daß
derjenige, welcher sein Handeln nicht an ihr orientiert, »unange-
paßt« handelt, d. h. kleine und große Unbequemlichkeiten und
Unzuträglichkeiten mit in den Kauf nehmen muß, solange das
Handeln der Mehrzahl seiner Umwelt nun einmal mit dem Bestehen der Sitte rechnet und darauf eingestellt ist.

Die Stabilität der *Interessenlage* beruht, ähnlich, darauf, daß, wer
sein Handeln nicht an dem Interesse der anderen orientiert – mit
diesen nicht »rechnet« –, deren Widerstand herausfordert oder einen von ihm nicht gewollten und nicht vorausgesehenen Erfolg hat
und also Gefahr läuft, an eigenem Interesse Schaden zu nehmen.

§ 5. Begriff der legitimen Ordnung

Handeln, insbesondere soziales Handeln und wiederum insbesondere eine soziale Beziehung, können von seiten der
Beteiligten an der *Vorstellung* vom Bestehen einer *legitimen
Ordnung* orientiert werden. Die Chance, daß dies *tatsächlich* geschieht, soll »Geltung« der betreffenden Ordnung
heißen.

1. »Gelten« einer *Ordnung* soll uns also mehr bedeuten als eine
bloße, durch Sitte oder Interessenlage bedingte Regelmäßigkeit
eines Ablaufs sozialen Handelns. Wenn Möbeltransportgesell-
schaften regelmäßig um die Zeit der Umzugstermine inserieren, so
ist diese Regelmäßigkeit durch »Interessenlage« bedingt. Wenn
ein Höker zu bestimmten Monats- oder Wochentagen eine bestimmte Kundschaft aufsucht, so ist das entweder eingelebte Sitte
oder ebenfalls Produkt seiner Interessenlage (Turnus in seinem
Erwerbssprengel). Wenn ein Beamter aber täglich zur festen
Stunde auf dem Büro erscheint, so ist das (auch, aber:) nicht *nur*
durch eingelebte Gewöhnung (Sitte) und (auch, aber:) nicht *nur*
durch eigene Interessenlage bedingt, der er nach Belieben nachle-
ben könnte oder nicht. Sondern (in der Regel: auch) durch das
»Gelten« der Ordnung (Dienstreglement) als Gebot, dessen Verletzung nicht nur Nachteile brächte, sondern – normalerweise –
auch von seinem »Pflichtgefühl« wertrational (wenn auch in höchst
verschiedenem Maße wirksam) perhorresziert wird.

2. Einen Sinngehalt einer sozialen Beziehung wollen wir a) nur
dann eine »Ordnung« nennen, wenn das Handeln an angebbaren
»Maximen« (durchschnittlich und annähernd) orientiert wird. Wir
wollen b) nur dann von einem »Gelten« dieser Ordnung sprechen,
wenn diese tatsächliche Orientierung an jenen Maximen mindestens *auch* (also in einem praktisch ins Gewicht fallenden Maß)
deshalb erfolgt, weil sie als irgendwie *für* das Handeln geltend: verbindlich oder vorbildlich, angesehen werden. Tatsächlich findet die
Orientierung des Handelns an einer Ordnung naturgemäß bei den

Beteiligten aus sehr verschiedenen Motiven statt. Aber der Umstand, daß *neben* den anderen Motiven die Ordnung mindestens einem Teil der Handelnden auch als vorbildlich oder verbindlich und also gelten*sollend* vorschwebt, steigert naturgemäß die Chance, daß das Handeln an ihr orientiert wird, und zwar oft in sehr bedeutendem Maße. Eine *nur* aus zweckrationalen Motiven innegehaltene Ordnung ist im allgemeinen weit labiler als die lediglich kraft Sitte, infolge der Eingelebtheit eines Verhaltens, erfolgende Orientierung an dieser: die von allen häufigste Art der inneren Haltung. Aber sie ist noch ungleich labiler als eine mit dem Prestige der Vorbildlichkeit oder Verbindlichkeit, wir wollen sagen: der »*Legitimität*«, auftretende. Die Übergänge von der bloß traditional oder bloß zweckrational motivierten Orientierung an einer Ordnung zum Legitimitäts-Glauben sind natürlich in der Realität durchaus flüssig.

3. An der Geltung einer Ordnung »orientieren« kann man sein Handeln nicht nur durch »Befolgung« ihres (durchschnittlich verstandenen) Sinnes. Auch im Fall der »Umgehung« oder »Verletzung« ihres (durchschnittlich verstandenen) Sinnes kann die Chance ihrer in irgendeinem Umfang bestehenden Geltung (als verbindliche Norm) *wirken*. Zunächst rein zweckrational. Der Dieb orientiert an der »Geltung« des Strafgesetzes sein Handeln: indem er es verhehlt. Daß die Ordnung innerhalb eines Menschenkreises »gilt«, äußert sich eben darin, daß er den Verstoß verhehlen *muß*. Aber von diesem Grenzfall abgesehen: sehr häufig beschränkt sich die Verletzung der Ordnung auf mehr oder minder zahlreiche Partialverstöße, oder sie sucht sich, mit verschiedenem Maß von Gutgläubigkeit, als legitim hinzustellen. Oder es bestehen tatsächlich verschiedene Auffassungen des Sinnes der Ordnung nebeneinander, die dann – für die Soziologie – jede in dem Umfang »gelten«, als sie das tatsächliche Verhalten bestimmen. Es macht der Soziologie keine Schwierigkeiten, das Nebeneinandergelten verschiedener, einander *widersprechender* Ordnungen innerhalb des gleichen Menschenkreises anzuerkennen. Denn sogar der Einzelne kann sein Handeln an einander widersprechenden Ordnungen orientieren. Nicht nur sukzessiv, wie es alltäglich geschieht,

sondern auch durch die gleiche Handlung. Wer einen Zweikampf vollzieht, orientiert sein Handeln am Ehrenkodex, indem er aber dies Handeln verhehlt oder umgekehrt: sich dem Gericht stellt, am Strafgesetzbuch. Wenn freilich Umgehung oder Verletzung des (durchschnittlich geglaubten) Sinns einer Ordnung zur *Regel* geworden sind, so »gilt« die Ordnung eben nur noch begrenzt oder schließlich gar nicht mehr. Zwischen Geltung und Nichtgeltung einer bestimmten Ordnung besteht also für die Soziologie nicht, wie für die Jurisprudenz (nach deren unvermeidlichem Zweck), absolute Alternative. Sondern es bestehen flüssige Übergänge zwischen beiden Fällen, und es können, wie bemerkt, einander widersprechende Ordnungen nebeneinander »gelten«, jede – heißt dies dann – in dem Umfang, als die *Chance* besteht, daß das Handeln *tatsächlich* an ihr orientiert wird.

Kenner der Literatur werden sich an die Rolle erinnern, welche der Begriff der »Ordnung« in *R. Stammlers* zweifellos – wie alle seine Arbeiten – glänzend geschriebenem, aber gründlich verfehltem und die Probleme verhängnisvoll verwirrendem, in der Vorbemerkung [oben S. 17] zitierten Buch spielt (vgl. dazu *meine* ebendort zitierte – im Verdruß über die angerichtete Verwirrung leider in der Form etwas scharf geratene – Kritik). Bei Stammler ist nicht nur das empirische und das normative Gelten nicht geschieden, sondern überdies verkannt, daß das soziale Handeln sich nicht *nur* an »Ordnungen« orientiert; vor allem aber ist in logisch völlig verfehlter Weise die Ordnung zur »Form« des sozialen Handelns gemacht und dann in eine ähnliche Rolle zum »Inhalt« gerückt, wie sie die »Form« im erkenntnistheoretischen Sinn spielt (von anderen Irrtümern ganz abgesehen). Tatsächlich orientiert sich z. B. das (primär) wirtschaftliche Handeln (Kap. II) an der Vorstellung von der Knappheit bestimmter verfügbarer Mittel der Bedarfsbefriedigung im Verhältnis zum (vorgestellten) Bedarf und an dem gegenwärtigen und für künftig vorausgesehenen Handeln Dritter, die auf die gleichen Mittel reflektieren; *dabei* aber orientiert es sich natürlich *außerdem* in der *Wahl* seiner »wirtschaftlichen« Maßregeln an jenen »Ordnungen«, welche der Handelnde als Gesetze und Konventionen »geltend« weiß, d. h. von denen er weiß, daß ein bestimmtes Reagieren Dritter im Fall ihrer Verletzung eintreten wird. Diesen höchst einfachen empirischen Sachverhalt hat Stammler in der hoffnungslosesten Weise verwirrt und insbesondere ein Kausalverhältnis zwischen »Ordnung« und realem Handeln für begrifflich unmöglich erklärt. Zwischen dem juristisch-dogmatischen, normativen Gelten der Ordnung und einem empirischen Vorgang gibt es ja in der Tat kein Kausalverhältnis, sondern nur die Frage: wird der empirische Vorgang von der (*richtig* interpretierten) Ordnung juristisch »betroffen«?, *soll* sie also (normativ) *für* ihn gelten?, und, wenn ja, was sagt sie als für ihn normativ gelten*sollend* aus? Zwischen der *Chance* aber, daß an der *Vorstellung* vom Gelten einer durchschnittlich so und so verstandenen Ordnung das Handeln orientiert wird, und dem wirtschaftlichen Handeln besteht selbstverständlich (gegebenenfalls) ein Kausalverhältnis im ganz gewöhnlichen Sinn des Worts. Für die Soziologie aber »ist« eben lediglich jene Chance der Orientierung an dieser *Vorstellung* »die« geltende Ordnung.

§ 6. Arten der legitimen Ordnung: Konvention und Recht

Die Legitimität einer Ordnung kann *garantiert* sein:
I. rein innerlich und zwar
   1. rein affektuell: durch gefühlsmäßige Hingabe;
   2. wertrational: durch Glauben an ihre absolute Geltung als Ausdruck letzter verpflichtender Werte (sittlicher, ästhetischer oder irgendwelcher anderer);
   3. religiös: durch den Glauben an die Abhängigkeit eines Heilsgüterbesitzes von ihrer Innehaltung;
II. auch (oder: nur) durch Erwartungen spezifischer äußerer Folgen, also: durch Interessenlage; aber: durch Erwartungen von besonderer *Art*.

Eine Ordnung soll heißen:

a) *Konvention,* wenn ihre Geltung äußerlich garantiert ist durch die Chance, bei Abweichung innerhalb eines angebbaren Menschenkreises auf eine (relativ) allgemeine und praktisch fühlbare *Mißbilligung* zu stoßen;

b) *Recht,* wenn sie äußerlich garantiert ist durch die Chance [des] (physischen oder psychischen) *Zwanges* durch ein auf Erzwingung der Innehaltung oder Ahndung der Verletzung gerichtetes Handeln eines *eigens* darauf eingestellten *Stabes* von Menschen.

Über Konvention s. neben *Jhering* a.a.O.: *Weigelin* a a O, und *F. Tönnies*, Die Sitte (1909).

1. Konvention soll die *innerhalb eines Menschenkreises* als »geltend« gebilligte und durch Mißbilligung gegen Abweichungen garantierte »Sitte« heißen. Im Gegensatz zum Recht (im hier gebrauchten Sinn des Worts) fehlt der speziell auf die Erzwingung eingestellte Menschen*stab*. Wenn Stammler die Konvention vom

Recht durch die absolute »Freiwilligkeit« der Unterwerfung scheiden will, so ist das nicht im Einklang mit dem üblichen Sprachgebrauch und auch für seine eigenen Beispiele nicht zutreffend. Die Befolgung der »Konvention« (im üblichen Wortsinn) – etwa: des üblichen Grüßens, der als anständig geltenden Bekleidung, der Schranken des Verkehrs nach Form und Inhalt – wird dem Einzelnen als verbindlich oder vorbildlich durchaus ernstlich »zugemutet« und durchaus nicht – wie etwa die bloße »Sitte«, seine Speisen in bestimmter Art zu bereiten, – freigestellt. Ein Verstoß gegen die Konvention (»Standessitte«) wird oft durch die höchst wirksame und empfindliche Folge des sozialen Boykotts der Standesgenossen stärker geahndet, als irgendein Rechtszwang dies vermöchte. Was fehlt, ist lediglich der besondere, auf ein spezifisches, die Innehaltung garantierendes Handeln eingestellte Stab von Menschen (bei uns: Richter, Staatsanwälte, Verwaltungsbeamte, Exekutoren usw.). Aber der Übergang ist flüssig. Der Grenzfall der konventionellen Garantie einer Ordnung im Übergang zur Rechtsgarantie ist die Anwendung des förmlichen, angedrohten und *organisierten* Boykotts. Dieser wäre für unsere Terminologie bereits ein Rechtszwangsmittel. Daß die Konvention außer durch die *bloße* Mißbilligung auch durch andere Mittel (etwa: Gebrauch des Hausrechts bei konventionswidrigem Verhalten) geschützt wird, interessiert hier nicht. Denn entscheidend ist: daß eben dann der *Einzelne*, und zwar *infolge* der konventionellen Mißbilligung, diese (oft drastischen) Zwangsmittel anwendet, nicht: ein *Stab* von Menschen eigens dafür bereit steht.

2. Uns soll für den Begriff »Recht« (der für andere Zwecke ganz anders abgegrenzt werden mag) die Existenz eines Erzwingungs-*Stabes* entscheidend sein. Dieser braucht natürlich in keiner Art dem zu gleichen, was wir heute gewohnt sind. Insbesondere ist es nicht nötig, daß eine »richterliche« Instanz vorhanden sei. Auch die Sippe (bei der Blutrache und Fehde) ist ein solcher Stab, *wenn* für die Art ihres Reagierens Ordnungen irgendwelcher Art tatsächlich gelten. Allerdings steht dieser Fall auf der äußersten Grenze dessen, was gerade noch als »Rechtszwang« anzusprechen ist. Dem »Völkerrecht« ist bekanntlich die Qualität als »Recht«

immer wieder bestritten worden, weil es an einer überstaatlichen Zwangsgewalt fehle. Für die hier (als zweckmäßig) gewählte Terminologie würde in der Tat eine Ordnung, die äußerlich lediglich durch Erwartungen der Mißbilligung und der Repressalien des Geschädigten, also konventionell und durch Interessenlage, garantiert ist, ohne daß ein Stab von Menschen existiert, dessen Handeln *eigens* auf ihre Innehaltung eingestellt ist, nicht als »Recht« zu bezeichnen sein. Für die juristische Terminologie kann dennoch sehr wohl das Gegenteil gelten. Die *Mittel* des Zwangs sind irrelevant. Auch die »brüderliche Vermahnung«, welche in manchen Sekten als erstes Mittel sanften Zwangs gegen Sünder üblich war, gehört – wenn durch eine Regel geordnet und durch einen Menschenstab durchgeführt – dahin. Ebenso z. B. die zensorische Rüge als Mittel, »sittliche« Normen des Verhaltens zu garantieren. Erst recht also der psychische Zwang durch die eigentlichen kirchlichen Zuchtmittel. Es gibt also natürlich ganz ebenso ein hierokratisch wie ein politisch oder ein durch Vereinsstatuten oder durch Hausautorität oder durch Genossenschaften und Einungen garantiertes »Recht«. Auch die Regeln eines »Komments« gelten dieser Begriffsbestimmung als »Recht«. Der Fall des § 888 Abs. 2 RZPO. (unvollstreckbare Rechte) gehört selbstverständlich dahin. Die »leges imperfectae« und die »Naturalobligationen« sind Formen der Rechts*sprache*, in welchen *indirekt* Schranken oder Bedingungen der Zwangsanwendung ausgedrückt werden. Eine zwangsmäßig oktroyierte »Verkehrssitte« ist insoweit *Recht* (§§ 157, 242 BGB.). Vgl. über den Begriff der »guten Sitte« (= billigenswerte und daher vom Recht sanktionierte Sitte): *Max Rümelin* in der »Schwäb. Heimatgabe für Th. Häring« (1918).

3. Nicht jede geltende Ordnung hat notwendig generellen und abstrakten Charakter. Geltender »Rechtssatz« und »Rechtsentscheidung« eines konkreten Falles z. B. waren keineswegs unter allen Umständen so voneinander geschieden, wie wir dies heute als normal ansehen. Eine »Ordnung« *kann* also auch als Ordnung lediglich eines konkreten Sachverhalts auftreten. Alles Nähere gehört in die Rechtssoziologie. Wir werden vorerst, wo nichts anderes gesagt ist, zweckmäßigerweise mit der modernen Vorstellungs-

weise über die Beziehung von Rechtssatz und Rechtsentscheidung arbeiten.

4. »Äußerlich« garantierte Ordnungen können außerdem auch noch »innerlich« garantiert sein. Die Beziehung zwischen Recht, Konvention und »Ethik« ist für die Soziologie kein Problem. Ein »ethischer« Maßstab ist für sie ein solcher, der eine spezifische Art von wertrationalem *Glauben* von Menschen als Norm an menschliches Handeln legt, welches das Prädikat des »sittlich Guten« in Anspruch nimmt, ebenso wie Handeln, welches das Prädikat »schön« in Anspruch nimmt, dadurch an ästhetischen Maßstäben sich mißt. Ethische Normvorstellungen in diesem Sinn können das Handeln sehr tiefgehend beeinflussen und doch jeder äußeren Garantie entbehren. Letzteres pflegt dann der Fall zu sein, wenn durch ihre Verletzung fremde Interessen wenig berührt werden. Sie sind andererseits sehr oft religiös garantiert. Sie können aber auch (im Sinn der hier gebrauchten Terminologie) konventionell: durch Mißbilligung der Verletzung und Boykott, oder auch noch rechtlich, durch strafrechtliche oder polizeiliche Reaktion oder zivilrechtliche Konsequenzen, garantiert sein. Jede tatsächlich – im Sinn der Soziologie – »geltende« Ethik pflegt weitgehend durch die Chance der Mißbilligung ihrer Verletzung, also: konventionell, garantiert zu sein. Andererseits beanspruchen aber nicht (mindestens: nicht notwendig) alle konventionell oder rechtlich garantierten Ordnungen den Charakter *ethischer* Normen, die rechtlichen – oft rein zweckrational gesatzten – im ganzen noch weit weniger als die konventionellen. *Ob* eine unter Menschen verbreitete Geltungsvorstellung als dem Bereich der »Ethik« angehörig anzusehen ist oder nicht ([dann] also »bloße« Konvention oder »bloße« Rechtsnorm ist), kann für die empirische *Soziologie* nicht anders als nach demjenigen Begriff des »Ethischen« entschieden werden, der in dem in Frage stehenden Menschenkreis *tatsächlich* galt oder gilt. Allgemeines läßt sich darüber deshalb *für sie* nicht aussagen.

§ 7. Geltungsgründe der legitimen Ordnung: Tradition, Glauben, Satzung

Legitime Geltung kann einer Ordnung von den Handelnden zugeschrieben werden:

a) kraft *Tradition*: Geltung des immer Gewesenen;

b) kraft *affektuellen* (insbesondere: emotionalen) Glaubens: Geltung des neu Offenbarten oder des Vorbildlichen;

c) kraft *wertrationalen* Glaubens: Geltung des als absolut gültig Erschlossenen;

d) kraft positiver Satzung, an deren *Legalität* geglaubt wird.

Diese Legalität [d)] kann [den Beteiligten] als *legitim* gelten

α) kraft Vereinbarung der Interessenten für diese;

β) kraft Oktroyierung (auf Grund einer als *legitim* geltenden Herrschaft von Menschen über Menschen) und Fügsamkeit [s. u. § 13].

Alles Nähere gehört (vorbehaltlich einiger noch weiter zu definierender Begriffe) in die Herrschafts- und Rechtssoziologie. Hier sei nur bemerkt:

1. Die Geltung von Ordnungen kraft Heilighaltung der Tradition ist die universellste und ursprünglichste. Angst vor magischen Nachteilen verstärkte die psychische Hemmung gegenüber jeder Änderung eingelebter Gepflogenheiten des Handelns, und die mannigfachen Interessen, welche sich an Erhaltung der Fügsamkeit in die einmal geltende Ordnung zu knüpfen pflegen, wirkten im Sinn ihrer Erhaltung. Darüber später in Kap. III.

2. *Bewußte* Neuschöpfungen von Ordnungen waren ursprünglich fast stets prophetische Orakel oder mindestens prophetisch sanktionierte und als solche heilig geglaubte Verkündigungen, bis herab zu den Statuten der hellenischen Aisymneten. Die Fügsamkeit hing dann am Glauben an die Legitimation des Propheten.

Ohne Neuoffenbarung von Ordnungen war in Epochen der Geltung des strengen Traditionalismus die Entstehung neuer Ordnungen, d. h. solcher, die als »neu« *angesehen* wurden, nur so möglich, daß diese als in Wahrheit von jeher geltend und nur noch nicht *richtig* erkannt oder als zeitweise verdunkelt und nunmehr wieder*entdeckt* behandelt wurden.

3. Der reinste Typus der wertrationalen Geltung wird durch das »Naturrecht« dargestellt. Wie begrenzt auch immer gegenüber seinen idealen Ansprüchen, so ist doch ein nicht ganz geringes Maß von realem Einfluß seiner logisch erschlossenen Sätze auf das Handeln nicht zu bestreiten und sind diese sowohl von dem offenbarten wie vom gesatzten wie vom traditionalen Recht zu scheiden.

4. Die heute geläufigste Legitimitätsform ist der *Legalitäts*glaube: die Fügsamkeit gegenüber *formal* korrekt und in der üblichen Form zustandegekommenen Satzungen. Der Gegensatz paktierter und oktroyierter Ordnungen ist dabei nur relativ. Denn sobald die Geltung einer paktierten Ordnung nicht auf *einmütiger* Vereinbarung beruht, – wie dies in der Vergangenheit oft für erforderlich zur wirklichen Legitimität gehalten wurde, – sondern innerhalb eines Kreises von Menschen auf tatsächlicher Fügsamkeit abweichend Wollender gegenüber Majoritäten – wie es sehr oft der Fall ist –, dann liegt tatsächlich eine Oktroyierung gegenüber der Minderheit vor. Der Fall andererseits, daß gewaltsame oder doch rücksichtslosere und zielbewußtere Minderheiten Ordnungen oktroyieren, die dann auch den ursprünglich Widerstrebenden als legitim gelten, ist überaus häufig. Soweit »Abstimmungen« als Mittel der Schaffung oder Änderung von Ordnungen legal sind, ist es sehr häufig, daß der Minderheitswille die formale Mehrheit erlangt und die Mehrheit sich fügt, also: die Majorisierung nur Schein ist. Der Glaube an die Legalität paktierter Ordnungen reicht ziemlich weit zurück und findet sich zuweilen auch bei sog. Naturvölkern: fast stets aber ergänzt durch die Autorität von Orakeln.

5. Die Fügsamkeit gegenüber der Oktroyierung von Ordnungen durch Einzelne oder Mehrere setzt, soweit nicht bloße Furcht oder zweckrationale Motive dafür entscheidend sind, sondern Legalitätsvorstellungen bestehen, den Glauben an eine in irgendeinem

Sinn legitime *Herrschafts*gewalt des oder der Oktroyierenden vor-
aus, wovon daher gesondert zu handeln ist (§§ 13, 16 und Kap. III).

6. In aller Regel ist Fügsamkeit in Ordnungen außer durch Interessenlagen der allerverschiedensten Art durch eine Mischung von
Traditionsgebundenheit und Legalitätsvorstellung bedingt, soweit
es sich nicht um ganz neue Satzungen handelt. In sehr vielen Fällen
ist den fügsam Handelnden dabei natürlich nicht einmal bewußt,
ob es sich um Sitte, Konvention oder Recht handelt. Die Soziologie
hat dann die *typische* Art der Geltung zu ermitteln.

§ 8. Begriff des Kampfs

Kampf soll eine soziale Beziehung insoweit heißen, als das Handeln an der Absicht der Durchsetzung des eigenen Willens gegen Widerstand des oder der Partner orientiert ist. »Friedliche« Kampfmittel sollen solche heißen, welche nicht in aktueller physischer Gewaltsamkeit bestehen. Der »friedliche« Kampf soll »Konkurrenz« heißen, wenn er als formal friedliche Bewerbung um eigene Verfügungsgewalt über Chancen geführt wird, die auch andere begehren. »Geregelte Konkurrenz« soll eine Konkurrenz insoweit heißen, als sie in Zielen und Mitteln sich an einer Ordnung orientiert. Der ohne sinnhafte Kampfabsicht *gegen* einander stattfindende (latente) Existenzkampf menschlicher Individuen oder Typen um Lebens- oder Überlebenschancen soll »Auslese« heißen: »soziale Auslese«, sofern es sich um Chancen Lebender im Leben, »biologische Auslese«, sofern es sich um Überlebenschancen von Erbgut handelt.

1. Vom blutigen, auf Vernichtung des Lebens des Gegners abzielenden, jede Bindung an Kampfregeln ablehnenden Kampf bis zum konventionell geregelten Ritterkampf (Heroldsruf vor der Schlacht von Fontenoy: »Messieurs les Anglais, tirez les premiers«) und zum geregelten Kampfspiel (Sport), von der regellosen »Konkurrenz« etwa erotischer Bewerber um die Gunst einer Frau, dem an die Ordnung des Marktes gebundenen Konkurrenzkampf um Tauschchancen bis zu geregelten künstlerischen »Konkurrenzen« oder zum »Wahlkampf« gibt es die allerverschiedensten lückenlosen Übergänge. Die begriffliche Absonderung des [nicht] gewaltsamen Kampfes rechtfertigt sich durch die Eigenart der ihm normalen Mittel und die daraus folgenden Besonderheiten der soziologischen Konsequenzen seines Eintretens (s. Kap. II und später).

2. Jedes typisch und massenhaft stattfindende Kämpfen und

Konkurrieren führt trotz noch so vieler ausschlaggebender Zufälle und Schicksale doch auf die Dauer im Resultat zu einer »Auslese« derjenigen, welche die für den Sieg im Kampf durchschnittlich wichtigen persönlichen Qualitäten in stärkerem Maße besitzen. Welches diese Qualitäten sind: — ob mehr physische Kraft oder skrupelfreie Verschlagenheit, mehr Intensität geistiger Leistungs- oder Lungenkraft und Demagogentechnik, mehr Devotion gegen Vorgesetzte oder gegen umschmeichelte Massen, mehr originale Leistungsfähigkeit oder mehr soziale Anpassungsfähigkeit, mehr Qualitäten, die als außergewöhnlich, oder solche, die als nicht über dem Massendurchschnitt stehend gelten: — darüber entscheiden die Kampf- und Konkurrenzbedingungen, zu denen, neben allen denkbaren individuellen und Massenqualitäten auch jene *Ordnungen* gehören, an denen sich, sei es traditional, sei es wertrational oder zweckrational, das Verhalten im Kampf orientiert. *Jede* von ihnen beeinflußt die Chancen der sozialen Auslese. Nicht *jede* soziale Auslese ist in unserem Sinn »Kampf«. »Soziale Auslese« bedeutet vielmehr zunächst nur: daß bestimmte Typen des Sichverhaltens und also, eventuell, der persönlichen Qualitäten, bevorzugt sind in der Möglichkeit der Gewinnung einer bestimmten sozialen *Beziehung* (als »Geliebter«, »Ehemann«, »Abgeordneter«, »Beamter«, »Bauleiter«, »Generaldirektor«, »erfolgreicher Unternehmer« usw.). Ob diese soziale Vorzugschance durch »Kampf« realisiert wird, ferner aber: ob sie auch die biologische *Überlebenschance* des Typus verbessert oder das Gegenteil, darüber sagt sie an sich nichts aus.

Nur wo wirklich *Konkurrenz* stattfindet, wollen wir von »Kampf« sprechen. Nur im Sinn von »Auslese« ist der Kampf tatsächlich, nach aller bisherigen Erfahrung, und nur im Sinn von *biologischer* Auslese ist er *prinzipiell* unausschaltbar. »Ewig« ist die Auslese deshalb, weil sich kein Mittel ersinnen läßt, sie völlig auszuschalten. Eine pazifistische Ordnung strengster Observanz kann immer nur Kampfmittel, Kampfobjekte und Kampfrichtung im Sinn der Ausschaltung bestimmter von ihnen regeln. Das bedeutet: daß *andere* Kampfmittel zum Siege in der (offenen) Konkurrenz oder — wenn man sich (was nur utopistisch-theoretisch möglich wäre) auch diese beseitigt denkt – dann immer noch in der (latenten) Auslese um Lebens- und Überlebenschancen führen und diejenigen begünstigen, denen sie, gleichviel ob als Erbgut oder Erziehungsprodukt, zur Verfügung stehen. Die soziale Auslese bildet empirisch, die biologische prinzipiell, die Schranke der Ausschaltung des Kampfes.

3. Zu scheiden von dem Kampf der *Einzelnen* um Lebens- und Überlebenschancen ist natürlich »Kampf« und »Auslese« sozialer *Beziehungen*. Nur in einem übertragenen Sinn kann man hier diese Begriffe anwenden. Denn »Beziehungen« *existieren* ja nur als menschliches *Handeln* bestimmten Sinngehalts. Und eine »Auslese« oder ein »Kampf« zwischen ihnen bedeutet also: daß eine bestimmte Art von Handeln durch eine andere, sei es der gleichen oder anderer Menschen, im Lauf der Zeit *verdrängt* wird. Dies ist in verschiedener *Art* möglich. Menschliches Handeln kann sich a) *bewußt* darauf richten: bestimmte konkrete, oder: generell bestimmt geordnete, soziale Beziehungen, d. h. das ihrem Sinngehalt entsprechend ablaufende *Handeln* zu *stören* oder im Entstehen oder Fortbestehen zu verhindern (einen »Staat« durch Krieg oder Revolution oder eine »Verschwörung« durch blutige Unterdrükkung, »Konkubinate« durch polizeiliche Maßnahmen, »wucherische« Geschäftsbeziehungen durch Versagung des Rechtsschutzes und Bestrafung), oder durch Prämiierung des Bestehens der einen Kategorie zuungunsten der andern bewußt zu beeinflussen: Einzelne sowohl wie viele verbundene Einzelne können sich derartige Ziele setzen. Es kann aber auch b) der ungewollte Nebenerfolg des Ablaufs sozialen Handelns und der dafür maßgebenden Bedingungen aller Art sein: daß bestimmte konkrete, oder bestimmt geartete, Beziehungen (d. h. stets: das betreffende *Handeln*) eine abnehmende Chance haben, fortzubestehen oder neu zu entstehen. Alle natürlichen und Kultur-Bedingungen jeglicher Art wirken im Fall der Veränderung in irgendeiner Weise dahin, solche Chancen für die allerverschiedensten Arten sozialer Beziehungen zu verschieben. Es ist jedermann unbenommen, auch in solchen Fällen von einer »Auslese« der sozialen Beziehungen – z. B. der staatlichen Verbände – zu reden, in denen der »Stärkere« (im Sinn des

»Angepaßteren«) siege. Nur ist festzuhalten, daß diese sog. »Auslese« mit der Auslese der Menschen*typen* weder im sozialen noch
im biologischen Sinn etwas zu tun hat, daß in jedem einzelnen Fall
nach dem *Grunde* zu fragen ist, der die Verschiebung der Chancen
für die eine oder die andere Form des sozialen Handelns und der
sozialen Beziehungen bewirkt, oder eine soziale Beziehung ge-
sprengt, oder ihr die Fortexistenz gegenüber anderen gestattet hat,
und daß diese Gründe so mannigfaltig sind, daß ein einheitlicher
Ausdruck dafür unpassend erscheint. Es besteht dabei stets die Gefahr: unkontrollierte *Wertungen* in die empirische Forschung zu
tragen und vor allem: Apologie des im Einzelfall oft rein individuell bedingten, also in diesem Sinn des Wortes: »zufälligen«, *Erfol-
ges* zu treiben. Die letzten Jahre brachten und bringen davon mehr
als zuviel. Denn das oft durch rein konkrete Gründe bedingte Aus-
geschaltetwerden einer (konkreten oder qualitativ spezifizierten)
sozialen Beziehung beweist ja an sich noch nicht einmal etwas gegen ihre *generelle* »Angepaßtheit«.

§ 9. Vergemeinschaftung und Vergesellschaftung

»Vergemeinschaftung« soll eine soziale Beziehung heißen, wenn und soweit die Einstellung des sozialen Handelns – im Einzelfall oder im Durchschnitt oder im reinen Typus – auf subjektiv *gefühlter* (affektueller oder traditionaler) *Zusammengehörigkeit* der Beteiligten beruht.

»Vergesellschaftung« soll eine soziale Beziehung heißen, wenn und soweit die Einstellung des sozialen Handelns auf rational (wert- oder zweckrational) motiviertem Interessen*ausgleich* oder auf ebenso motivierter Interessen*verbindung* beruht. Vergesellschaftung kann typisch insbesondere (aber nicht: nur) auf rationaler *Vereinbarung* durch gegenseitige Zusage beruhen. Dann wird das vergesellschaftete Handeln im Rationalitätsfall orientiert: a) wertrational an dem Glauben an die *eigene* Verbindlichkeit, – b) zweckrational an der Erwartung der Loyalität des *Partners*.

1. Die Terminologie erinnert an die von *F. Tönnies* in seinem grundlegenden Werk »Gemeinschaft und Gesellschaft« vorgenommene Unterscheidung. Doch hat T. für seine Zwecke dieser Unterscheidung alsbald einen wesentlich spezifischeren Inhalt gegeben, als hier für unsere Zwecke nützlich wäre. Die reinsten Typen der *Vergesellschaftung* sind a) der streng zweckrationale, frei paktierte *Tausch* auf dem Markt: ein aktueller Kompromiß entgegengesetzt, aber komplementär Interessierter; – b) der reine, frei paktierte *Zweckverein*, eine nach Absicht und Mitteln rein auf Verfolgung sachlicher (ökonomischer oder anderer) Interessen der Mitglieder abgestellte Vereinbarung kontinuierlichen Handelns; – c) der wertrational motivierte *Gesinnungs*verein: die rationale Sekte, insoweit, als sie von der Pflege emotionaler und affektueller Inter-

essen absieht und nur der »Sache« dienen will (was freilich nur in besonderen Fällen in ganz reinem Typus vorkommt).

2. *Vergemeinschaftung* kann auf jede Art von affektueller oder emotionaler oder aber traditionaler Grundlage ruhen: eine pneumatische Brüdergemeinde, eine erotische Beziehung, ein Pietätsverhältnis, eine »nationale« Gemeinschaft, eine kameradschaftlich zusammenhaltende Truppe. Den Typus gibt am bequemsten die Familiengemeinschaft ab. Die große Mehrzahl sozialer Beziehungen aber hat *teils* den Charakter der Vergemeinschaftung, *teils* den der Vergesellschaftung. Jede noch so zweckrationale und nüchtern geschaffene und abgezweckte soziale Beziehung (Kundschaft z. B.) *kann* Gefühlswerte stiften, welche über den gewillkürten Zweck hinausgreifen. Jede über ein aktuelles Zweckvereinshandeln hinausgehende, also auf längere Dauer eingestellte, soziale Beziehungen zwischen den gleichen Personen herstellende und nicht von vornherein auf sachliche Einzelleistungen begrenzte Vergesellschaftung – wie etwa die Vergesellschaftung im gleichen Heeresverband, in der gleichen Schulklasse, im gleichen Kontor, der gleichen Werkstatt – neigt, in freilich höchst verschiedenem Grade, irgendwie dazu. Ebenso kann umgekehrt eine soziale Beziehung, deren normaler Sinn Vergemeinschaftung ist, von allen oder einigen Beteiligten ganz oder teilweise zweckrational orientiert werden. Wie weit z. B. ein Familienverband von den Beteiligten als »Gemeinschaft« gefühlt oder als »Vergesellschaftung« ausgenutzt wird, ist sehr verschieden. Der Begriff der »Vergemeinschaftung« ist hier absichtlich noch ganz allgemein und also: sehr heterogene Tatbestände umfassend, definiert.

3. Vergemeinschaftung ist dem gemeinten Sinn nach normalerweise der radikalste Gegensatz gegen »*Kampf*«. Dies darf nicht darüber täuschen, daß tatsächlich Vergewaltigung jeder Art innerhalb auch der intimsten Vergemeinschaftungen gegenüber dem seelisch Nachgiebigeren durchaus normal ist, und daß die »Auslese« der Typen innerhalb der Gemeinschaften ganz ebenso stattfindet und zur Verschiedenheit der durch sie gestifteten Lebens- und Überlebenschancen führt wie irgendwo sonst. Vergesellschaftungen andererseits sind sehr oft *lediglich* Kompromisse widerstreiten-

der Interessen, welche nur einen *Teil* des Kampfgegenstandes oder der Kampfmittel ausschalten (oder: dies doch versuchen), den Interessengegensatz selbst und die *Konkurrenz* um die Chancen im übrigen aber bestehen lassen. »Kampf« und Gemeinschaft sind relative Begriffe; der Kampf gestaltet sich eben sehr verschieden, je nach den Mitteln (gewaltsame oder »friedliche«) und der Rücksichtslosigkeit ihrer Anwendung. Und jede wie immer geartete Ordnung sozialen Handelns läßt, wie gesagt, die rein tatsächliche *Auslese* im Wettbewerb der verschiedenen Menschentypen um die Lebenschancen irgendwie bestehen.

4. Keineswegs jede Gemeinsam*keit* der Qualitäten, der Situation oder des Verhaltens *ist* eine Vergemeinschaftung. Z. B. bedeutet die Gemeinsamkeit von solchem biologischen Erbgut, welches als »Rassen«-Merkmal angesehen wird, an sich natürlich noch keinerlei Vergemeinschaftung der dadurch Ausgezeichneten. Durch Beschränkung des commercium und connubium seitens der Umwelt können sie in eine gleichartige – dieser Umwelt gegenüber isolierte – Situation geraten. Aber auch wenn sie auf diese Situation gleichartig reagieren, so ist dies noch keine Vergemeinschaftung, und auch das bloße »Gefühl« für die gemeinsame Lage und deren Folgen erzeugt sie noch nicht. Erst wenn sie auf Grund dieses Gefühls ihr Verhalten irgendwie *an*einander *orientieren*, entsteht eine soziale Beziehung zwischen ihnen – nicht nur: jedes von ihnen zur Umwelt – und erst, soweit diese eine gefühlte Zusammengehörigkeit dokumentiert, »Gemeinschaft«. Bei den Juden z. B. ist dies – außerhalb der zionistisch orientierten Kreise und des Handelns einiger anderer Vergesellschaftungen für jüdische Interessen – nur in relativ sehr geringem Maße der Fall, wird von ihnen vielfach geradezu abgelehnt. Gemeinsamkeit der *Sprache*, geschaffen durch gleichartige Tradition von seiten der Familie und Nachbarumwelt, erleichtert das gegenseitige Verstehen, also die Stiftung aller sozialen Beziehungen, im höchsten Grade. Aber an sich bedeutet sie noch keine Vergemeinschaftung, sondern nur die Erleichterung des Verkehrs innerhalb der betreffenden Gruppen, also: der Entstehung von Vergesellschaftungen. Zunächst: zwischen den *Einzelnen* und *nicht* in deren Eigenschaft als Sprachgenossen, sondern

als Interessenten sonstiger Art: die Orientierung an den Regeln der gemeinsamen Sprache ist primär also nur Mittel der Verständigung, nicht Sinngehalt von sozialen Beziehungen. Erst die Entstehung bewußter Gegensätze gegen Dritte kann für die an der Sprachgemeinsamkeit Beteiligten eine gleichartige Situation, Gemeinschaftsgefühl und Vergesellschaftungen, deren bewußter Existenzgrund die gemeinsame Sprache ist, stiften. – Die Beteiligung an einem »Markt« (Begriff s. Kap. II) ist wiederum anders geartet. Sie stiftet Vergesellschaftung zwischen den einzelnen Tauschpartnern und eine soziale Beziehung (vor allem: »Konkurrenz«) zwischen den Tauschreflektanten, die gegenseitig ihr Verhalten aneinander orientieren müssen. Aber darüber hinaus entsteht Vergesellschaftung nur, soweit etwa einige Beteiligte zum Zweck erfolgreicheren Preiskampfs, oder: sie alle zu Zwecken der Regelung und Sicherung des Verkehrs, Vereinbarungen treffen. (Der Markt und die auf ihm ruhende Verkehrswirtschaft ist im übrigen der wichtigste Typus der gegenseitigen Beeinflussung des Handelns durch nackte *Interessenlage*, wie sie der modernen Wirtschaft charakteristisch ist.)

§ 10. Offene und geschlossene Beziehungen

Ein soziale Beziehung (gleichviel ob Vergemeinschaftung oder Vergesellschaftung) soll nach außen »*offen*« heißen, wenn und insoweit die Teilnahme an dem an ihrem Sinngehalt orientierten gegenseitigen sozialen Handeln, welches sie konstituiert, nach ihren geltenden Ordnungen niemandem verwehrt wird, der dazu tatsächlich in der Lage und geneigt ist. Dagegen nach außen »*geschlossen*« dann, insoweit und in dem Grade, als ihr Sinngehalt oder ihre geltenden Ordnungen die Teilnahme ausschließen oder beschränken oder an Bedingungen knüpfen. Offenheit und Geschlossenheit können traditionell oder affektuell oder wert- oder zweckrational bedingt sein. Die *rationale* Schließung insbesondere durch folgenden Sachverhalt: Eine soziale Beziehung kann den Beteiligten Chancen der Befriedigung innerer oder äußerer Interessen eröffnen, sei es dem Zweck oder dem Erfolg nach, sei es durch solidarisches Handeln oder durch Interessenausgleich. Wenn die Beteiligten von ihrer Propagierung eine Verbesserung ihrer eigenen Chancen nach Maß, Art, Sicherung oder Wert erwarten, so sind sie an Offenheit, wenn umgekehrt von deren Monopolisierung, so sind sie an Schließung nach *außen* interessiert.

Eine geschlossene soziale Beziehung kann monopolosierte Chancen den Beteiligten a) *frei* oder b) nach Maß und Art *reguliert* oder rationiert oder c) den Einzelnen oder Gruppen von ihnen dauernd und relativ oder völlig unentziehbar *appropriiert* garantieren (Schließung nach *innen*). Appropriierte Chancen sollen »Rechte« heißen. Die Appropriation kann gemäß der Ordnung 1) an die an bestimmten Gemeinschaften und Gesellschaften – z. B. Hausgemeinschaften – Beteiligten oder 2) an Einzelne und in diesem Fall: a) rein persönlich oder b) so erfolgen, daß im Todesfall einer oder mehrere durch eine soziale Beziehung oder durch Gebürtigkeit (Verwandtschaft) mit dem bisherigen Genießer der Chance Verbundene oder der oder die von ihm zu bezeichnenden Anderen in die appropriierten Chancen einrücken (erbliche Appropriation). Sie kann endlich 3) so erfolgen, daß der Genießer die Chance a): bestimmten oder endlich b): daß er sie beliebigen Anderen durch Vereinbarung mehr oder minder frei abtreten kann (veräußerliche Appropriation). Der an einer geschlossenen Beziehung Beteiligte soll *Genosse,* im Fall der Regulierung der Beteiligung aber, sofern diese ihm Chancen appropriiert, *Rechtsgenosse* genannt werden. Erblich an Einzelne oder an erbliche Gemeinschaften oder Gesellschaften appropriierte Chancen sollen: *Eigentum* (der Einzelnen oder der betreffenden Gemeinschaften oder Gesellschaften), veräußerlich appropriierte: *freies* Eigentum heißen.

Die scheinbar nutzlos »mühselige« Definition dieser Tatbestände ist ein Beispiel dafür: daß gerade das »Selbstverständliche« (weil anschaulich Eingelebte) am wenigsten »gedacht« zu werden pflegt.

1. a) Traditional geschlossen pflegen z. B. Gemeinschaften zu sein, deren Zugehörigkeit sich auf Familienbeziehungen gründet.

b) Affektuell geschlossen zu sein pflegen persönliche Gefühlsbeziehungen (z. B. erotische oder – oft – pietätsmäßige).

c) Wertrational (relativ) geschlossen pflegen strikte Glaubensgemeinschaften zu sein.

d) Zweckrational typisch geschlossen sind ökonomische Verbände mit monopolistischem oder plutokratischem Charakter.

Einige Beispiele beliebig herausgegriffen:

Offenheit oder Geschlossenheit einer aktuellen Sprachvergesellschaftung hängt von dem Sinngehalt ab (Konversation im Gegensatz zu intimer oder geschäftlicher Mitteilung). – Die Marktbeziehung pflegt primär wenigstens oft offen zu sein. – Bei zahlreichen Vergemeinschaftungen und Vergesellschaftungen beobachten wir einen *Wechsel* zwischen Propagierung und Schließung. So z. B. bei den Zünften, den demokratischen Städten der Antike und des Mittelalters, deren Mitglieder zeitweise, im Interesse der Sicherung ihrer Chancen durch Macht, die möglichste Vermehrung, zu anderen Zeiten, im Interesse des Wertes ihres Monopols, Begrenzung der Mitgliedschaft erstrebten. Ebenso nicht selten bei Mönchsgemeinschaften und Sekten, die von religiöser Propaganda zur Abschließung im Interesse der Hochhaltung des ethischen Standards oder auch aus materiellen Gründen übergingen. Verbreiterung des Marktes im Interesse vermehrten Umsatzes und monopolistische Begrenzung des Marktes stehen ähnlich nebeneinander. Sprachpropaganda findet sich heute als normale Folge der Verleger- und Schriftsteller-Interessen gegenüber den früher nicht seltenen ständisch geschlossenen und Geheimsprachen.

2. Das Maß und die Mittel der Regulierung und Schließung nach außen können sehr verschieden sein, so daß der Übergang von Offenheit zu Reguliertheit und Geschlossenheit flüssig ist: Zulassungsleistungen und Noviziate oder Erwerb eines bedingt käuflichen Mitgliedsanteils, Ballotage für jede Zulassung, Zugehörigkeit oder Zulassung kraft Gebürtigkeit (Erblichkeit) oder kraft jedermann freistehender Teilnahme an bestimmten Leistungen oder – im Fall der Schließung und Appropriation nach innen – kraft Erwerbs eines appropriierten Rechts und die verschiedensten Abstufungen der Teilnahmebedingungen finden sich. »Reguliertheit« und »Geschlossenheit« nach außen sind also relative Begriffe. Zwischen einem vornehmen Klub, einer gegen Billet zugänglichen Theatervorstellung und einer auf Werbung ausgehenden Parteiversammlung, einem frei zugänglichen Gottesdienst, demjenigen einer Sekte und den Mysterien eines Geheimbundes bestehen alle denkbaren Übergänge.

3. Die Schließung nach *innen* – unter den Beteiligten selbst und im Verhältnis dieser zueinander – kann ebenfalls die verschiedenste Form annehmen. Z. B. kann eine nach außen geschlossene Kaste, Zunft oder etwa: Börsengemeinschaft ihren Mitgliedern die freie Konkurrenz miteinander um alle monopolisierten Chancen

überlassen oder ein jedes Mitglied streng auf bestimmte, ihm le-
benslang oder auch (so namentlich in Indien) erblich und veräußerlich appropriierte Chancen, so z. B. Kundschaften oder Geschäfts-
objekte, beschränken, eine nach außen geschlossene Markgenos-
senschaft dem Markgenossen entweder freie Nutzung oder ein
streng an den Einzelhaushalt gebundenes Kontingent, ein nach außen geschlossener Siedlungsverband freie Nutzung des Bodens
oder dauernd appropriierte feste Hufenanteile zubilligen und garantieren, – alles dies mit allen denkbaren Übergängen und Zwi-
schenstufen. Historisch z. B. haben die Schließung der Anwart-
schaften auf Lehen, Pfründen und Ämter nach innen und die Appropriation an die Inhaber höchst verschiedene Formen ange-
nommen, und ebenso kann – wozu die Entwicklung der »Betriebs-
räte« der erste Schritt sein *könnte* (aber nicht: sein *muß*) – die An-
wartschaft auf und die Innehabung von Arbeitsstellen sich vom clo-
sed shop bis zum Recht an der einzelnen Stelle (Vorstufe: Verbot
der Entlassung ohne Zustimmung der Vertreter der Arbeiter-
schaft) steigern. Alle Einzelheiten gehören in die sachliche Einzelanalyse. Das Höchstmaß dauernder Appropriation besteht bei solchen Chancen, welche dem Einzelnen (oder bestimmten Verbänden Einzelner, z. B. Hausgemeinschaften, Sippen, Familien) derart garantiert sind, daß 1. im Todesfall der Übergang in bestimmte
andere Hände durch die Ordnungen geregelt und garantiert ist, – 2.
die Inhaber der Chance dieselbe frei an beliebige Dritte übertragen
können, welche *dadurch* Teilhaber der sozialen Beziehung werden: diese ist also, im Fall solcher vollen Appropriation nach *innen*,
zugleich eine nach *außen* (relativ) *offene* Beziehung (sofern sie den
Mitgliedschafts-Erwerb *nicht* an die Zustimmung der anderen
Rechtsgenossen bindet),

4. *Motiv* der Schließung kann sein a) Hochhaltung der Qualität
und (eventuell) dadurch des Prestiges und der daran haftenden
Chancen der Ehre und (eventuell) des Gewinnes. Beispiele: Aske-
ten-, Mönchs- (insbesondere auch z. B. in Indien: Bettelmönchs-)
[Orden], Sekten (Puritaner!), Krieger-, Ministerialen- und andere
Beamten- und politische Bürgerverbände (z. B. in der Antike),
Handwerkereinungen; b) Knappwerden der Chancen im Verhält-

nis zum (Konsum-)Bedarf (»Nahrungsspielraum«): Konsum-
tionsmonopol (Archetypos: die Markgemeinschaft); c) Knappwerden der Erwerbschancen (»Erwerbsspielraum«): Erwerbsmo-
nopol (Archetypos: die Zunft- oder die alten Fischereiverbände
usw.). Meist ist das Motiv a mit b oder c kombiniert.

§ 11. Zurechnung des Handelns.
Vertretungsbeziehungen

Eine soziale Beziehung kann für die Beteiligten nach traditionaler oder gesatzter Ordnung die Folge haben: daß bestimmte Arten des Handelns a) *jedes* an der Beziehung Beteiligten *allen* Beteiligten (»Solidaritätsgenossen«) oder b) das Handeln bestimmter Beteiligter (»Vertreter«) den anderen Beteiligten (»Vertretenen«) *zugerechnet* wird, daß also sowohl die Chancen wie die Konsequenzen ihnen zugute kommen bzw. ihnen zur Last fallen. Die Vertretungsgewalt (Vollmacht) kann nach den geltenden Ordnungen – 1. in allen Arten und Graden appropriiert (Eigenvollmacht) oder aber – 2. nach Merkmalen dauernd oder zeitweise zugewiesen sein oder – 3. durch bestimmte Akte der Beteiligten oder Dritter, zeitweilig oder dauernd, übertragen werden (gesatzte Vollmacht). Über die Bedingungen, unter denen soziale Beziehungen (Gemeinschaften oder Gesellschaften) als Solidaritäts- oder als Vertretungsbeziehungen behandelt werden, läßt sich generell nur sagen, daß der Grad, in welchem ihr Handeln entweder a) auf gewaltsamen Kampf oder b) auf friedlichen Tausch als Zweck ausgerichtet ist, dafür in erster Linie entscheidend ist, daß aber im übrigen zahlreiche erst in der Einzelanalyse festzustellende Sonderumstände dafür maßgebend waren und sind. Am wenigsten pflegt naturgemäß diese Folge bei den rein *ideelle* Güter mit friedlichen Mitteln verfolgenden einzutreten. Mit dem Maß der Geschlossenheit nach außen geht die Erscheinung der Solidarität oder Vertretungsmacht zwar oft, aber nicht immer, parallel.

1. Die »Zurechnung« kann praktisch bedeuten: a) passive und aktive Solidarität: Für das Handeln des einen Beteiligten gelten alle ganz wie er selbst als verantwortlich, durch sein Handeln ande-

rerseits alle ebenso wie er als legitimiert zur Nutzung der dadurch gesicherten Chancen. Die Verantwortlichkeit kann Geistern oder Göttern gegenüber bestehen, also religiös orientiert sein. Oder: Menschen gegenüber, und in diesem Fall konventionell für und gegen Rechtsgenossen (Blutrache gegen und durch Sippengenossen, Repressalien gegen Stadtbürger und Konnationale) oder rechtlich (Strafe gegen Verwandte, Hausgenossen, Gemeindegenossen, persönliche Schuldhaftung von Hausgenossen und Handelsgesellschaftern füreinander und zugunsten solcher). Auch die Solidarität den Göttern gegenüber hat historisch (für die altisraelitische, altchristliche, altpuritanische Gemeinde) sehr bedeutende Folgen gehabt. b) Sie kann andererseits (Mindestmaß!) auch nur bedeuten: daß nach traditionaler oder gesatzter Ordnung die an einer geschlossenen Beziehung Beteiligten eine Verfügung über Chancen gleichviel welcher Art (insbesondere: ökonomische Chancen), welche ein Vertreter vornimmt, für ihr eigenes Verhalten als *legal* gelten lassen. (»Gültigkeit« der Verfügungen des »Vorstandes« eines »Vereins« oder des Vertreters eines politischen oder ökonomischen Verbandes über Sachgüter, die nach der Ordnung »Verbandszwecken« dienen sollen.)

2. Der Tatbestand der »Solidarität« besteht typisch a) bei traditionalen Gebürtigkeits- oder Lebens-Gemeinschaften (Typus: Haus und Sippe), – b) bei geschlossenen Beziehungen, welche die monopolisierten Chancen durch eigene Gewaltsamkeit behaupten (Typus: politische Verbände, insbesondere in der Vergangenheit, aber in weitestem Umfang, namentlich im Kriege, auch noch der Gegenwart), – c) bei Erwerbs-Vergesellschaftungen mit persönlich durch die Beteiligten geführtem Betrieb (Typus: offene Handelsgesellschaft), – d) unter Umständen bei Arbeitsgesellschaften (Typus: Artjel). – Der Tatbestand der »Vertretung« besteht typisch bei Zweckvereinen und gesatzten Verbänden, insbesondere dann, wenn ein »Zweckvermögen« (darüber später in der Rechtssoziologie) gesammelt und verwaltet wird.

3. Nach »Merkmalen« zugewiesen ist eine Vertretungsgewalt z. B., wenn sie nach der Reihenfolge des Alters oder nach ähnlichen Tatbeständen zuständig wird.

4. Alles Einzelne dieses Sachverhalts läßt sich nicht generell, sondern erst bei der soziologischen Einzelanalyse darlegen. Der älteste und allgemeinste hierher gehörige Tatbestand ist die *Repressalie,* als Rache sowohl wie als Pfandzugriff.

§ 12. Begriff und Arten der Verbände

Verband soll eine nach außen regulierend beschränkte oder geschlossene soziale Beziehung dann heißen, wenn die Innehaltung ihrer Ordnung garantiert wird durch das eigens auf deren Durchführung eingestellte Verhalten bestimmter Menschen: eines *Leiters* und, eventuell, eines *Verwaltungsstabes,* der gegebenenfalls normalerweise zugleich Vertretungsgewalt hat. Die Innehabung der Leitung oder einer Teilnahme am Handeln des Verwaltungsstabes – die »*Regierungsgewalten*« – können a) appropriiert oder b) durch geltende Verbandsordnungen bestimmten oder nach bestimmten Merkmalen oder in bestimmten Formen auszulesenden Personen dauernd oder zeitweise oder für bestimmte Fälle zugewiesen sein. »Verbandshandeln« soll a) das auf die Durchführung der Ordnung bezogene, kraft Regierungsgewalt oder Vertretungsmacht legitime Handeln des Verwaltungsstabs selbst, b) das von ihm durch Anordnungen *geleitete* [verbandsbezogene (s. Nr. 3)] Handeln der Verbandsbeteiligten heißen.

1. Ob es sich um Vergemeinschaftung oder Vergesellschaftung handelt, soll für den Begriff zunächst keinen Unterschied machen. Das Vorhandensein eines »Leiters«: Familienhaupt, Vereinsvorstand, Geschäftsführer, Fürst, Staatspräsident, Kirchenhaupt, dessen Handeln auf Durchführung der Verbandsordnung eingestellt ist, soll genügen, weil diese spezifische Art von *Handeln*: ein nicht bloß an der Ordnung orientiertes, sondern auf deren *Erzwingung* abgestelltes Handeln, soziologisch dem Tatbestand der geschlossenen »sozialen Beziehung« ein praktisch wichtiges neues Merkmal hinzufügt. Denn nicht jede geschlossene Vergemeinschaftung oder Vergesellschaftung ist ein »Verband«: z. B. nicht eine erotische Beziehung oder eine Sippengemeinschaft ohne Leiter.
2. Die »Existenz« des Verbandes haftet ganz und gar an dem

»Vorhandensein« eines Leiters und eventuell eines Verwaltungsstabes. D. h. genauer ausgedrückt: an dem Bestehen der *Chance*,
daß ein *Handeln* angebbarer Personen stattfindet, welches seinem
Sinn nach die Ordnungen des Verbandes durchzuführen trachtet:
daß also Personen vorhanden sind, die darauf »*eingestellt*« sind,
gegebenenfalls in jenem Sinn zu handeln. Worauf diese Einstellung
beruht: ob auf traditionaler oder affektueller oder wertrationaler
Hingabe (Lehens-, Amts-, Dienst-Pflicht) oder auf zweckrationalen *Interessen* (Gehaltsinteresse usw.), ist *begrifflich* vorerst gleich-
gültig. In etwas anderem als der Chance des Ablaufes jenes, in jener Weise orientierten, Handelns »besteht«, soziologisch angesehen, der Verband also für unsere Terminologie nicht. Fehlt die
Chance dieses Handelns eines angebbaren Personen*stabes* (oder:
einer angebbaren Einzelperson), so besteht für unsere Terminologie eben nur eine »soziale Beziehung«, aber kein »Verband«. So
lange aber die Chance jenes Handelns besteht, so lange »besteht«,
soziologisch angesehen, der Verband *trotz des Wechsels der Personen*, die ihr Handeln an der betreffenden Ordnung orientieren.
(Die Art der Definition hat den Zweck: eben *diesen* Tatbestand so-
fort einzubeziehen.)

3. a) Außer dem Handeln des Verwaltungsstabes selbst oder unter dessen Leitung kann auch ein spezifisches an der Verbandsordnung orientiertes Handeln der sonst Beteiligten typisch ablaufen,
dessen Sinn die Garantie der Durchführung der Ordnung ist (z. B.
Abgaben oder leiturgische persönliche Leistungen aller Art: Ge-
schworenendienst, Militärdienst usw.). – b) Die geltende Ordnung
kann auch Normen enthalten, an denen sich in *anderen* Dingen das
Handeln der Verbandsbeteiligten orientieren soll (z. B. im Staats-
verband das »privatwirtschaftliche«, nicht der Erzwingung der
Geltung der Verbandsordnung, sondern Einzelinteressen die-
nende Handeln: am »bürgerlichen« Recht). Die Fälle a kann man
»verbandsbezogenes Handeln«, die Fälle b verbands*geregeltes*
Handeln nennen. Nur das Handeln des Verwaltungsstabes selbst
und außerdem alles planvoll von ihm *geleitete* verbandsbezogene
Handeln soll »Verbandshandeln« heißen. »Verbandshandeln«
wäre z. B. für alle Beteiligten ein Krieg, den ein Staat »führt«, oder

eine »Eingabe«, die ein Vereinsvorstand beschließen läßt, ein
»Vertrag«, den der Leiter schließt und dessen »Geltung« den Ver-
bandsgenossen oktroyiert und zugerechnet wird (§ 11), ferner der
Ablauf aller »Rechtsprechung« und »Verwaltung«. (S. auch § 14.)

Ein Verband kann sein: a) autonom oder heteronom, b)
autokephal oder heterokephal. Autonomie bedeutet, daß
nicht, wie bei Heteronomie, die Ordnung des Verbands
durch Außenstehende gesatzt wird, sondern durch Verbandsgenossen kraft dieser ihrer Qualität (gleichviel wie sie
im übrigen erfolgt). Autokephalie bedeutet: daß der Leiter
und der Verbandsstab nach den eigenen Ordnungen des Verbandes, nicht, wie bei Heterokephalie, durch Außenstehende bestellt wird (gleichviel wie sonst die Bestellung erfolgt).

Heterokephalie besteht z. B. für die Ernennung der governors
der kanadischen Provinzen (durch die Zentralregierung von Kana-
da). Auch ein heterokephaler Verband kann autonom und ein au-
tokephaler heteronom sein. Ein Verband kann auch, in beiden
Hinsichten, *teilweise* das eine und teilweise das andere sein. Die au-
tokephalen deutschen Bundesstaaten waren trotz der Autokephalie innerhalb der Reichskompetenz heteronom, innerhalb ihrer eigenen (in Kirchen- und Schulsachen z. B.) autonom. Elsaß-Loth-
ringen war in Deutschland [vor 1918] in beschränktem Umfang autonom, aber heterokephal (den Statthalter setzte der Kaiser). Alle
diese Sachverhalte können auch teilweise vorliegen. Ein *sowohl*
völlig heteronomer *wie* heterokephaler Verband wird (wie etwa ein
»Regiment« innerhalb eines Heeresverbandes) in aller Regel als
»Teil« eines umfassenderen Verbandes zu bezeichnen sein. Ob
dies der Fall ist, kommt aber auf das tatsächliche *Maß* von Selb-
ständigkeit der Orientierung des Handelns im Einzelfall an und ist
terminologisch reine Zweckmäßigkeitsfrage.

§ 13. Ordnungen eines Verbandes

Die gesatzten Ordnungen einer Vergesellschaftung können entstehen a) durch freie Vereinbarung oder b) durch Oktroyierung und Fügsamkeit. Eine Regierungsgewalt in einem Verbande kann die legitime Macht zur Oktroyierung neuer Ordnungen in Anspruch nehmen. *Verfassung* eines Verbandes soll die *tatsächliche* Chance der Fügsamkeit gegenüber der *Oktroyierungs*macht der bestehenden Regierungsgewalten nach Maß, Art und Voraussetzungen heißen. Zu diesen Voraussetzungen können nach geltender Ordnung insbesondere die Anhörung oder Zustimmung bestimmter Gruppen oder Bruchteile der Verbandsbeteiligten, außerdem natürlich die verschiedensten sonstigen Bedingungen, gehören.

Ordnungen eines Verbandes können außer den Genossen auch Ungenossen oktroyiert werden, bei denen bestimmte *Tatbestände* vorliegen. Insbesondere kann ein solcher Tatbestand in einer Gebietsbeziehung (Anwesenheit, Gebürtigkeit, Vornahme gewisser Handlungen innerhalb eines Gebiets) bestehen: »Gebietsgeltung«. Ein Verband, dessen Ordnungen grundsätzlich Gebietsgeltung oktroyieren, soll Gebietsverband heißen, einerlei inwieweit seine Ordnung auch nach innen: den Verbandsgenossen gegenüber, *nur* Gebietsgeltung in Anspruch nimmt (was möglich ist und wenigstens in begrenztem Umfang vorkommt).

1. Oktroyiert im Sinn dieser Terminologie ist *jede* nicht durch persönliche freie Vereinbarung aller Beteiligten zustandegekommene Ordnung. Also auch der »Mehrheitsbeschluß«, dem sich die Minderheit fügt. Die Legitimität des Mehrheitsentscheids ist daher (s. später bei der Soziologie der Herrschaft und des Rechts) in langen Epochen (noch im Mittelalter bei den Ständen, und bis in die

Gegenwart in der russischen Obschtschina) oft nicht anerkannt oder problematisch gewesen.

2. Auch die formal »freien« Vereinbarungen sind, wie allgemein bekannt, sehr häufig tatsächlich oktroyiert (so in der Obschtschina). Dann ist für die Soziologie nur der *tatsächliche* Sachverhalt maßgebend.

3. Der hier gebrauchte »Verfassungs«-Begriff ist der auch von Lassalle verwendete. Mit der »geschriebenen« Verfassung, überhaupt mit der Verfassung im juristischen Sinn, ist er nicht identisch. Die soziologische Frage ist lediglich die: wann, für welche Gegenstände und *innerhalb welcher Grenzen* und – eventuell – unter welchen besonderen Voraussetzungen (z. B. Billigung von Göttern oder Priestern oder Zustimmung von Wahlkörperschaften usw.) *fügen* sich dem Leiter die Verbandsbeteiligten und steht ihm der Verwaltungsstab und das Verbandshandeln zu Gebote, wenn er »Anordnungen trifft«, insbesondere Ordnungen oktroyiert.

4. Den Haupttypus der oktroyierten »Gebietsgeltung« stellen dar: Strafrechtsnormen und manche andere »Rechtssätze«, bei denen Anwesenheit, Gebürtigkeit, Tatort, Erfüllungsort usw. innerhalb des Gebietes des Verbandes Voraussetzungen der Anwendung der Ordnung sind, in politischen Verbänden. (Vgl. den *Gierke-Preuß*schen Begriff der »Gebietskörperschaft«.)

§ 14. Verwaltungsordnung und Regulierungsordnung

Eine Ordnung, welche Verbandshandeln regelt, soll *Verwaltungsordnung* heißen. Eine Ordnung, welche anderes soziales Handeln regelt und die durch diese Regelung eröffneten Chancen den Handelnden *garantiert,* soll *Regulierungsordnung* heißen. Insoweit ein Verband lediglich an Ordnungen der ersten Art orientiert ist, soll er Verwaltungsverband, insoweit lediglich an solchen der letzteren, regulierender Verband heißen.

1. Selbstverständlich ist die Mehrzahl aller Verbände sowohl das eine wie das andere; ein *lediglich* regulierender Verband wäre etwa ein theoretisch denkbarer reiner »Rechtsstaat« des absoluten laissez faire (was freilich auch die Überlassung der Regulierung des Geldwesens an die reine Privatwirtschaft voraussetzen würde).

2. Über den Begriff des »Verbandshandelns« s. § 12, Nr. 3. Unter den Begriff der »Verwaltungsordnung« fallen alle Regeln, die gelten wollen für das Verhalten sowohl des Verwaltungsstabs, wie der Mitglieder »gegenüber dem Verband«, wie man zu sagen pflegt, d. h. für jene Ziele, deren Erreichung die Ordnungen des Verbandes durch ein von ihnen positiv vorgeschriebenes, *planvoll* eingestelltes Handeln seines Verwaltungsstabes und seiner Mitglieder zu sichern trachten. Bei einer absolut kommunistischen Wirtschaftsorganisation würde annähernd *alles* soziale Handeln darunter fallen, bei einem absoluten Rechtsstaat andererseits nur die Leistung der Richter, Polizeibehörden, Geschworenen, Soldaten und die Betätigung als Gesetzgeber und Wähler. Im allgemeinen – aber nicht immer im einzelnen – fällt die Grenze der Verwaltungs- und der Regulierungsordnung mit dem zusammen, was man im politischen Verband als »öffentliches« und »Privatrecht« scheidet. (Das Nähere darüber in der Rechtssoziologie [§ 1].)

§ 15. Betrieb und Betriebsverband, Verein, Anstalt

Betrieb soll ein kontinuierliches *Zweck*handeln bestimmter Art, *Betriebsverband* eine Vergesellschaftung mit kontinuierlich zweckhandelndem Verwaltungsstab heißen.

Verein soll ein vereinbarter Verband heißen, dessen gesatzte Ordnungen nur für die kraft persönlichen Eintritts Beteiligten Geltung beanspruchen.

Anstalt soll ein Verband heißen, dessen gesatzte Ordnungen innerhalb eines angebbaren Wirkungsbereiches jedem nach bestimmten Merkmalen angebbaren Handeln (relativ) erfolgreich oktroyiert werden.

1. Unter den Begriff des »Betriebs« fällt natürlich auch der Vollzug von politischen und hierurgischen Geschäften, Vereinsgeschäften usw., soweit das Merkmal der zweckhaften Kontinuierlichkeit zutrifft.

2. »Verein« und »Anstalt« sind beide Verbände mit *rational* (planvoll) gesatzten Ordnungen. Oder richtiger: *soweit* ein Verband rational gesatzte Ordnungen hat, soll er Verein oder Anstalt heißen. Eine »Anstalt« ist vor allem der Staat nebst allen seinen heterokephalen Verbänden und – soweit ihre Ordnungen rational gesatzt sind – die Kirche. Die Ordnungen einer »Anstalt« erheben den Anspruch zu gelten für jeden, auf den bestimmte Merkmale (Gebürtigkeit, Aufenthalt, Inanspruchnahme bestimmter Einrichtungen) *zutreffen*, einerlei ob der Betreffende persönlich – wie beim Verein – beigetreten ist und vollends: ob er bei den Satzungen mitgewirkt hat. Sie sind also in ganz spezifischem Sinn *oktroyierte* Ordnungen. Die Anstalt *kann* insbesondere *Gebiets*verband sein.

3. Der Gegensatz von Verein und Anstalt ist *relativ*. Vereinsordnungen können die Interessen Dritter berühren, und es kann diesen dann die Anerkennung der Gültigkeit dieser Ordnungen oktroyiert werden, durch Usurpation und Eigenmacht des Vereins sowohl wie durch legal gesatzte Ordnungen (z. B. Aktienrecht).

4. Es bedarf kaum der Betonung: daß »Verein« und »Anstalt« nicht etwa die *Gesamtheit* aller denkbaren Verbände restlos unter sich aufteilen. Sie sind, ferner, nur »polare« Gegensätze (so auf religiösem Gebiet: »Sekte« und »Kirche«).

§ 16. Macht, Herrschaft

Macht bedeutet jede Chance, innerhalb einer sozialen Beziehung den eigenen Willen auch gegen Widerstreben durchzusetzen, gleichviel worauf diese Chance beruht.

Herrschaft soll heißen die Chance, für einen Befehl bestimmten Inhalts bei angebbaren Personen Gehorsam zu finden; *Disziplin* soll heißen die Chance, kraft eingeübter Einstellung für einen Befehl prompten, automatischen und schematischen Gehorsam bei einer angebbaren Vielheit von Menschen zu finden.

1. Der Begriff »Macht« ist soziologisch amorph. Alle denkbaren Qualitäten eines Menschen und alle denkbaren Konstellationen können jemanden in die Lage versetzen, seinen Willen in einer gegebenen Situation durchzusetzen. Der soziologische Begriff der »Herrschaft« muß daher ein präziserer sein und kann nur die Chance bedeuten: für einen *Befehl* Fügsamkeit zu finden.

2. Der Begriff der »Disziplin« schließt die »Eingeübtheit« des kritik- und widerstandslosen *Massen*gehorsams ein.

Der Tatbestand einer Herrschaft ist nur an das aktuelle Vorhandensein *eines* erfolgreich *anderen* Befehlenden, aber weder unbedingt an die Existenz eines Verwaltungsstabes noch eines Verbandes geknüpft; dagegen allerdings – wenigstens in allen normalen Fällen – an die *eines* von beiden. Ein Verband soll insoweit, als seine Mitglieder als solche kraft geltender Ordnung Herrschaftsbeziehungen unterworfen sind, *Herrschaftsverband* heißen.

1. Der Hausvater herrscht ohne Verwaltungsstab. Der Beduinenhäuptling, welcher Kontributionen von Karawanen, Personen und Gütern erhebt, die seine Felsenburg passieren, herrscht über alle jene wechselnden und unbestimmten, nicht in einem Verband miteinander stehenden Personen, welche, sobald und solange sie,

in eine bestimmte Situation geraten sind, kraft seiner Gefolgschaft, die ihm gegebenenfalls als Verwaltungsstab zur Erzwingung dient. (Theoretisch denkbar wäre eine solche Herrschaft auch seitens eines Einzelnen ohne allen Verwaltungsstab.)

2. Ein Verband ist vermöge der Existenz eines Verwaltungsstabes stets in irgendeinem Grade Herrschaftsverband. Nur ist der Begriff relativ. Der normale Herrschaftsverband ist als solcher auch Verwaltungsverband. Die Art wie, der Charakter des Personenkreises, durch welchen, und die Objekte, welche verwaltet werden, und die Tragweite der Herrschaftsgeltung bestimmen die Eigenart des Verbandes. Die ersten beiden Tatbestände aber sind in stärkstem Maß durch die Art der *Legitimitäts*grundlagen der Herrschaft begründet (über diese s. u. Kap. III.).

§ 17. Politischer Verband, hierokratischer Verband

Politischer Verband soll ein Herrschaftsverband dann und insoweit heißen, als sein Bestand und die Geltung seiner Ordnungen innerhalb eines angebbaren geographischen *Gebiets* kontinuierlich durch Anwendung und Androhung *physischen* Zwangs seitens des Verwaltungsstabes garantiert werden. *Staat* soll ein politischer *Anstaltsbetrieb* heißen, wenn und insoweit sein Verwaltungsstab erfolgreich das *Monopol legitimen* physischen Zwanges für die Durchführung der Ordnungen in Anspruch nimmt. – »Politisch *orientiert*« soll ein soziales Handeln, insbesondere auch ein Verbandshandeln, dann und insoweit heißen, als es die Beeinflussung der Leitung eines politischen Verbandes, insbesondere die Appropriation oder Expropriation oder Neuverteilung oder Zuweisung von Regierungsgewalten, [auf nicht gewaltsame Weise (s. Nr. 2 a. E.)] bezweckt.

Hierokratischer Verband soll ein Herrschaftsverband dann und insoweit heißen, als zur Garantie seiner Ordnungen psychischer Zwang durch Spendung oder Versagung von Heilsgütern (hierokratischer Zwang) verwendet wird. *Kirche* soll ein hierokratischer *Anstaltsbetrieb* heißen, wenn und soweit sein Verwaltungsstab das *Monopol* legitimen hierokratischen Zwanges in Anspruch nimmt.

1. Für politische Verbände ist selbstverständlich die Gewaltsamkeit weder das einzige, noch auch nur das normale Verwaltungsmittel. Ihre Leiter haben sich vielmehr aller überhaupt möglichen Mittel für die Durchsetzung ihrer Zwecke bedient. Aber ihre Androhung und, eventuell, Anwendung ist allerdings ihr *spezifisches* Mittel und überall die ultima ratio, wenn andere Mittel versagen. Nicht *nur* politische Verbände haben Gewaltsamkeit als *legitimes* Mittel verwendet und verwenden sie, sondern ebenso: Sippe,

Haus, Einungen, im Mittelalter unter Umständen: alle Waffenbe-
rechtigten. Den politischen Verband kennzeichnet *neben* dem Umstand: daß die Gewaltsamkeit (mindestens auch) zur Garantie von
»Ordnungen« angewendet wird, das Merkmal: daß er die Herrschaft seines Verwaltungsstabes und seiner Ordnungen für ein *Gebiet* in Anspruch nimmt *und* gewaltsam garantiert. Wo immer für
Verbände, welche Gewaltsamkeit anwenden, jenes Merkmal zutrifft – seien es Dorfgemeinden oder selbst einzelne Hausgemeinschaften oder Verbände von Zünften oder von Arbeiterverbänden
(»Räten«) –, müssen sie *insoweit* politische Verbände heißen.

2. Es ist nicht möglich, einen politischen Verband – auch nicht:
den »Staat« – durch Angaben des *Zweckes* seines Verbandshandelns zu definieren. Von der Nahrungsfürsorge bis zur Kunstpro-
tektion hat es keinen Zweck gegeben, den politische Verbände
nicht gelegentlich, von der persönlichen Sicherheitsgarantie bis zur
Rechtsprechung keinen, den *alle* politischen Verbände verfolgt
hätten. Man kann daher den »politischen« Charakter eines Verbandes *nur* durch das – unter Umständen zum Selbstzweck gesteigerte – *Mittel* definieren, welches nicht ihm allein eigen, aber allerdings spezifisch und für sein Wesen *unentbehrlich* ist: die Gewaltsamkeit. Dem Sprachgebrauch entspricht dies nicht ganz; aber er
ist ohne Präzisierung unbrauchbar. Man spricht von »Devisenpoli-
tik« der Reichsbank, von der »Finanzpolitik« einer Vereinsleitung,
von der »Schulpolitik« einer Gemeinde und meint damit die planvolle Behandlung und *Führung* einer bestimmten sachlichen Angelegenheit. In wesentlich charakteristischerer Art scheidet man die
»politische« Seite oder Tragweite einer Angelegenheit, oder den
»politischen« Beamten, die »politische« Zeitung, die »politische«
Revolution, den »politischen« Verein, die »politische« Partei, die
»politische« Folge von anderen: wirtschaftlichen, kulturlichen, religiösen usw. Seiten oder Arten der betreffenden Personen, Sachen, Vorgänge, – und meint damit alles das, was mit den Herr-
schaftsverhältnissen innerhalb des (nach unserem Sprachgebrauch:)
»politischen« Verbandes: des Staates, zu tun hat, deren Aufrecht-
erhaltung, Verschiebung, Umsturz herbeiführen oder hindern oder
fördern kann, im Gegensatz zu Personen, Sachen, Vorgängen, die

damit nichts zu schaffen haben. Es wird also auch in diesem Sprachgebrauch das Gemeinsame in dem *Mittel*: »Herrschaft«: in der *Art* nämlich, wie eben staatliche Gewalten sie ausüben, unter Ausschaltung des Zwecks, dem die Herrschaft dient, gesucht. Daher läßt sich behaupten, daß die hier zugrunde gelegte Definition nur eine Präzision des Sprachgebrauchs enthält, indem sie das tatsächlich Spezifische: die Gewaltsamkeit (aktuelle oder eventuelle) scharf betont. Der Sprachgebrauch nennt freilich »politische Verbände« nicht nur die Träger der als legitim geltenden Gewaltsamkeit selbst, sondern z. B. auch Parteien und Klubs, welche die (auch: ausgesprochen *nicht* gewaltsame) Beeinflussung des politischen Verbandshandelns bezwecken. Wir wollen diese Art des sozialen Handelns als »politisch *orientiert*« von dem eigentlich »politischen« Handeln (dem *Verbands*handeln der politischen Verbände selbst im Sinn von § 12 Nr. 3) scheiden.

3. Den *Staats*begriff empfiehlt es sich, da er in seiner Vollentwicklung durchaus modern ist, auch seinem modernen Typus entsprechend – aber wiederum: unter Abstraktion von den, wie wir ja gerade jetzt erleben, wandelbaren inhaltlichen Zwecken – zu definieren. Dem heutigen *Staat* formal charakteristisch ist: eine Verwaltungs- und Rechtsordnung, welche durch Satzungen abänderbar ist, an der der Betrieb des Verbandshandelns des (gleichfalls durch Satzung geordneten) Verwaltungsstabes sich orientiert und welche Geltung beansprucht nicht nur für die – im wesentlichen durch Geburt in den Verband hineingelangenden – Verbandsgenossen, sondern in weitem Umfang für alles auf dem beherrschten Gebiet stattfindende Handeln (also: gebietsanstaltsmäßig). Ferner aber: daß es »legitime« Gewaltsamkeit heute nur noch insoweit gibt, als die staatliche Ordnung sie zuläßt oder vorschreibt (z. B. dem Hausvater das »Züchtigungsrecht« beläßt, einen Rest einstmaliger eigenlegitimer, bis zur Verfügung über Tod und Leben des Kindes oder Sklaven gehender Gewaltsamkeit des Hausherrn). Dieser Monopolcharakter der staatlichen Gewaltherrschaft ist ein ebenso wesentliches Merkmal ihrer Gegenwartslage wie ihr rationaler »Anstalts«- und kontinuierlicher »Betriebs«-Charakter.

4. Für den Begriff des hierokratischen Verbandes kann die *Art*

der in Aussicht gestellten Heilsgüter – diesseitig, jenseitig, äußerlich, innerlich – kein entscheidendes Merkmal bilden, sondern die
Tatsache, daß ihre Spendung die Grundlage geistlicher *Herrschaft*
über Menschen bilden kann. Für den Begriff »*Kirche*« ist dagegen
nach dem üblichen (und zweckmäßigen) Sprachgebrauch ihr in der
Art der Ordnungen und des Verwaltungsstabs sich äußernder (relativ) rationaler Anstalts- und Betriebscharakter und die bean-
spruchte monopolistische Herrschaft charakteristisch. Dem normalen *Streben* der kirchlichen Anstalt nach eignet ihr hierokrati-
sche *Gebiets*herrschaft und (parochiale) territoriale Gliederung,
wobei im Einzelfall die Frage sich verschieden beantwortet: durch
welche Mittel diesem Monopolanspruch Nachdruck verliehen
wird. Aber derart wesentlich wie dem politischen Verband ist das
tatsächliche *Gebiets*herrschaftsmonopol für die Kirchen historisch
nicht gewesen und heute vollends nicht. Der »Anstalts«-Charak-
ter, insbesondere der Umstand, daß man in die Kirche »hineinge-
boren« wird, scheidet sie von der »Sekte«, deren Charakteristikum
darin liegt: daß sie »Verein« ist und nur die religiös Qualifizierten
persönlich in sich aufnimmt. (Das Nähere gehört in die Religionssoziologie.)

Von Max Weber

Gesammelte Aufsätze zur Religionssoziologie
Band 1. 8. Auflage 1988. VIII, 573 Seiten.
(UTB 1488). Broschur.
Band 2. 7. Auflage 1988. VII, 378 Seiten.
(UTB 1489). Broschur.
Band 3. 9. Auflage 1988. IX, 442 Seiten.
(UTB 1490). Broschur.

Gesammelte Aufsätze zur Wissenschaftslehre
6. Auflage 1988. XI, 613 Seiten.
(UTB 1492). Broschur.

Gesammelte Politische Schriften
5. Auflage 1988. XIV, 586 Seiten.
(UTB 1491). Broschur.

Wirtschaft und Gesellschaft
Bes. von J. Winckelmann. Dreibändige
Ausgabe mit textkritischen Erläuterungen. 5. Auflage 1976. Leinen.
Studienausgabe: 5. Auflage 1980.
XXXIII, 944 Seiten. Broschur.

Gesamtausgabe
Auf Anfrage ausführlicher Prospekt
erhältlich.

Über Max Weber

Max Webers Fragestellung
Von Wilhelm Hennis. 1987.
IV, 242 Seiten. Br., Ln.

Max Weber − Ein Lebensbild
von Marianne Weber. 3. Auflage 1984.
736 Seiten. Leinen.

Handlungsfreiheit und Zweckrationalität
Max Weber und die Tradition praktischer Philosophie. Von Gregor Schöllgen. 1984. 125 Seiten. Broschur.

Die Entwicklungen des okzidentalen Rationalismus
Eine Analyse von Max Webers Gesellschaftsgeschichte. Von Wolfgang
Schluchter. 1979. XII, 280 Seiten.
Studienausgabe Br., Ln.

Max Weber und die deutsche Politik 1890−1920
von Wolfgang J. Mommsen. 2. Auflage
1974. XX, 586 Seiten. Broschur.

Drei Essays über Max Webers geistiges Vermächtnis
von Ludwig M. Lachmann. Aus dem
Englischen von Leonhard Walentik.
1983. VII, 127 Seiten. Broschur.

Zur Wert- und Rechtslehre Max Webers
von Fritz Loos. 1970. IX, 150 Seiten.
Broschur.

Max Weber und die rationale Soziologie
von Wilhelm E. Mühlmann. 1966.
III, 60 Seiten. Broschur.

Max Weber und die Soziologie heute
Herausgegeben von Otto Stammer.
Redaktion Rolf Ebbighausen.
1965. VII, 343 Seiten. 1 Bild. Br., Ln.

Max Weber · Werke und Person
Dokumente. Ausgewählt und kommentiert von Eduard Baumgarten. 1964.
XVI, 720 Seiten. Mit Zeittafel und
22 Tafeln. Broschur. Leinen.

Max Webers hinterlassenes Hauptwerk: Die Wirtschaft und die gesellschaftlichen Ordnungen und Mächte
von Johannes Winckelmann.
1986. XII, 210 Seiten. Broschur.

J.C.B. Mohr (Paul Siebeck) Tübingen

UTB
FÜR WISSEN
SCHAFT

Auswahl Fachbereich
Soziologie

221 Prim/Tilmann: Grundlagen
einer kritisch-rationalen Sozial-
wissenschaft
(Quelle & Meyer). 6. Aufl. 1989.
DM 22,80

359 Tews: Soziologie des Alterns
(Quelle & Meyer). 3. Aufl. 1979.
(Nachdruck 1989). DM 34,80

472/473 Popper: Die offene Gesellschaft und ihre Feinde 1/2
(Francke). 6. Aufl. 1980. Je DM 24,80

541 Weber: Soziologische
Grundbegriffe (J.C.B. Mohr).
6. Aufl. 1984. DM 7,80

740 Lamnek:
Theorien abweichenden Verhaltens
(W. Fink). 3. Aufl. 1988. DM 22,80

765 Mayntz: Soziologie der
öffentlichen Verwaltung
(C. F. Müller). 3. Aufl. 1985.
DM 19,80

884 Buß/Schöps: Kompendium
für das wissenschaftliche Arbeiten
in der Soziologie
(Quelle & Meyer). 1979. DM 22,80

1040 Kromrey:
Empirische Sozialforschung
(Leske). 4. Aufl. 1990. DM 24,80

1131 Schäfers: Soziologie des
Jugendalters
(Leske). 4. Aufl. 1989. DM 19,80

1161 Willke: Systemtheorie
(Gustav Fischer). 2. Aufl. 1987.
DM 19,80

1323 Henecka: Grundkurs Soziologie
(Leske). 2. Aufl. 1989. DM 18,80

1324 Konegen/Sondergeld:
Wissenschaftstheorie für
Sozialwissenschaftler
(Leske). 1985. DM 14,80

1331 Kromka: Sozialwissenschaft-
liche Methodologie
(Schöningh). 1984. DM 19,80

1406 Kiefl/Lamnek: Soziologie
des Opfers
(W. Fink). 1986. DM 29,80

1416 Schäfers (Hrsg.):
Grundbegriffe der Soziologie
(Leske). 2. Aufl. 1989. DM 22,80

1445 Voß: Statistische Methoden
und PC-Einsatz
(Leske). 1988. DM 19,80

1496 Weber: Gesammelte Aufsätze
7 Bände. (J.C.B. Mohr). 1988.
DM 180,--

Preisänderungen vorbehalten.

Das UTB-Gesamtverzeichnis erhalten Sie bei Ihrem Buchhändler oder
direkt von UTB, 7000 Stuttgart 80,
Postfach 80 11 24.